KB117728

출근길 ——— 심리학

출근길 심리학

단단하고 유연한 멘탈을 위한
33가지 마음의 법칙

반유화 지음

다산
초당

'심리학'이라는 무기를
아직 모르는 당신에게

광화문에서 진료하며 만난 수많은 직장인의 손에 건네려 늘 노력했던 것은 다름 아닌 '무기'였다. 물론 무기라 하여 그것이 누군가를 찔러 아프게 하는 창이나, 허둥대며 휘두르다 도리어 내 발등을 찍어버리는 무거운 방패나, '에라 모르겠다!' 하며 이판사판 터뜨려 버리는 폭탄은 아니었다. 내가 쥐여주고 싶었던 무기는 멀리서도 누군가를 섬세히 관찰할 수 있게 해주는 망원경, 내 안에 무엇이 들어 있는지 가만히 들여다볼 수 있는 거울, 필요할 때는 과감히 불 수 있는 호루라기 같은 것들이었다.

이런 것들이 어떻게 무기가 되느냐고 물을 수도 있다. 그러나 불합리한 시스템, 혼자서는 도저히 감당할 수 없는 업무량, 권력을 멋대로 휘두르는 상사, 이간질을 일삼는 동료, 시도 때도 없이 들이받는 신입에 치여 때로는 하얗게 질린 얼굴로, 때로는 까맣게 타들어 가는 얼굴로 사원증을 목에 건 채 진료실 문을 열고 들어오는 이들에게 그 어떤 강력한 무기보다도 유용한 것이 바로 심리학이다.

당신이 그런 심리학을 누구보다 알뜰히 써먹을 수 있도록 하는 것을 최우선 목표로 두고 이 책을 썼다. 그렇다고 해서 '타인의 마음을 사로잡는 심리 기술'을 나열한 것은 아니다. 그러니 이 책이 누군가를 입맛대로 조종하거나 당신을 무조건 매력 있어 보이게 하는 데 도움을 주지는 못할 것이다. 그러나 일터에서 꼭 필요한 단단하고 유연한 멘탈, 냉철하지만 다정한 마음을 만드는 데는 이 책이 분명 도움이 될 것이다. 남들보다 뒤처졌다는 생각에 일이 손에 안 잡힐 때, 반복되는 월요일이 두려울 때, 발표 자리에서 매번 얼어붙어 버릴 때, 이랬다저랬다 하는 상사 때문에 괴로울 때… 익숙한 상황들에서 내 마음이 어떻게 작동하고 왜 그렇게 작동하는지 알게 될 것이다.

책에는 10년이 넘는 시간 동안 내담자들과 이야기 나누며 그들에게 실질적으로 도움이 된다고 느꼈던 마음의 법칙들과 다양한 심리학 실험 이야기를 더했다. 일하며, 그리고 살아가며 자주 맞닥뜨릴 수밖에 없는 힘든 마음의 정체와 작동원리가 이 책을 통해 선명해지기를 바란다. 더 나아가 원하는 일을 만족스럽게 해낼 당신만의 길을 조금은 알 것 같다면 더할 나위 없이 기쁠 것 같다. 내일 또다시 일터로 향할 모든 이들의 출근길을 응원한다.

2024년 1월

반유화

차례

Part 2 나는 누가 싫고, 어떤 말에 상처받을까?
사람들과 함께 일하는 법을 터득한다

일을 잘하려면 어떤 마음이어야 할까?

Part 3

결국 우리는 성과를 내야 한다

Part 1

나는 왜 불안하고,
어떨 때 슬퍼질까?

내가 어떤 상태인지부터 파악한다

남들보다 뒤처졌다는 생각에
일이 손에 안 잡힐 때

———————————————————— ✳ **열등감**

"부러우면 지는 거다!"

같이 입사한 동기를 볼 때마다 나 자신에게 외치는 말인데, 결국 맨날 부러워하고 맨날 지게 된다. 나보다 일처리도 깔끔하고 임기응변도 뛰어난 사람. 어느새 그 친구는 프로젝트에서 주도적인 역할을, 나는 그런 친구를 돕는 역할을 맡게 됐다. 자존심이 상하지만, 내가 프로젝트 메인 업무를 맡으면 그 친구

만큼 잘해낼 수 없다는 걸 알기에 수긍할 수밖에 없다. 솔직히 그 친구는 외모도 나보다 별로고 말투도 어눌한데… 스스로 전혀 개의치 않는 것 같으니까 이제는 외모마저 잘생겨 보일 지경이다. 괜히 그 친구가 미울 때도 있었지만 이제는 그냥 내가 밉다. 지질하게 열등감에나 젖어 있다는 사실이 한심하다. 나라는 사람은 그냥 답이 없는 것만 같다. 나는 애초에 일을 잘할 수 있는 그릇이 아닌 걸까?

살면서 열등감을 느껴보지 않은 사람이 있을까? 아마 없을 것이다. 만일 누군가가 열등감을 느껴본 적이 없다고 말한다면 아마 그 사람은 누구보다 열등감을 많이 느끼는 사람일 가능성이 크다. 장기하의 노래 「부럽지가 않어」 속 화자는 시종일관 '네가 하나도 부럽지가 않어'라고 외치지만 우리는 안다. 그가 사실 상대를 무지하게 부러워하고 있다는 것을.

맞다. 열등감은 괴로운 감정이다. 열등감에 빠져드

는 순간만큼은 마치 세상에 나와 내가 열등감을 느끼는 그 사람(들)만 존재하는 것 같다. 무대 위 스포트라이트가 우리만 비추고 있기라도 한 것처럼 그 사람(들)과 나를 낱낱이 비교하기 시작한다. 이때 우리는 '나는 빨간색을 좋아하고 저 사람은 초록색을 좋아한다' 같은 수평적인 비교가 아닌 '나는 코가 못생겼는데 저 사람은 잘생겼다' 같은 수직적인 비교만 하게 된다. 그렇게 끝없는 수직적 비교를 하다 보면 어느새 대부분이 별로인 '나'만 남게 되는 것이다. 그러나 열등감은 죄가 없다. 오히려 열등감은 매우 고차원적인 감정으로, 열등감이 없었다면 인류는 이만큼 발전하지 못했을 것이다.

열등감이 왜 고차원적인 감정인지를 설명하기 위해 잠시 '감정'이 무엇인지부터 알아보자. 감정은 기본적으로 '일차감정'과 '이차감정'으로 나뉜다. 일차감정은 기쁨, 슬픔, 공포, 놀람, 혐오, 호기심 같은 것들로, 우리가 태어나면서부터 지니는 감정이다. 일차감정을 느끼기 위해서는 '나'라는 존재를 자각할 필요가 없다. 그저 외부의 자극에 자동으로 반응하기만 하면 된다. 배가 고프면 슬퍼서 울고, 낯선 사람이 나타나면 놀라서 울고, 양육자가 미소 지어주면 기뻐서 웃을 뿐이다.

그러다 생후 12개월이 지나면서부터 서서히 이차감정이 나타난다. 바로 열등감, 죄책감, 수치심, 자부심 같은 것들이다. 이 감정들은 일차감정과 달리 최소한 두 가지의 복잡한 인지능력을 필요로 한다.

첫째는 내가 느낀 일차감정을 해석하는 능력이다. 입사 동기가 어려운 프레젠테이션을 훌륭하게 해내는 것을 볼 때 제일 먼저 드는 감정은 사실 '놀람'이라는 일차감정이다. 그런데 그 뒤에 놀람의 감정을 자기 나름대로 평가하면서 '열등감'이라는 이차감정을 느끼게 되는 것이다.

둘째는 '나'라는 존재를 인식하는 능력이다. 1인칭 시점에서 벗어나 마치 거울을 보듯 2인칭으로, 더 나아가 3인칭으로 나를 바라볼 줄 아는 능력을 갖춰야 우리는 비로소 이차감정을 느낄 수 있다. 생각해 보면 당연하다. 나라는 존재를 인식할 수 없다면 다른 사람을 나와 비교할 수가 없으니 열등감도 느낄 수 없지 않겠는가.

이렇게 어릴 때부터 서서히 형성되기 시작하는 이차 감정은 우리가 자라면서 외부세계와 상호작용하며 각자의 개성이 스며든, 나만의 결을 가진 이차감정으로 완성된다. 그렇다면 이렇게 고등한 감정인 열등감은 우리의 삶에서 어떤 역할을 하며, 또 왜 이토록 우리를 괴롭게 만드는 것일까?

우리는 모두 인생 2회차가 아니기에

열등감에 대한 개념을 제일 먼저 정리했던 의사이자 심리학자인 알프레드 아들러(Alfred Adler)는 우리 모두가 태어날 때부터 열등한 환경에 놓인다고 말했다. 우리는 아무것도 모르는 작고 연약한 아기인 채로 어른들에게 둘러싸여 인생을 시작하기 때문이다. 자신이 상대적으로 작고 약하다는 근본적인 감각을 손에 쥔 채로 삶의 출발선에 서는 셈이다. 그래서 우리는 나이에 비해 능수능란한 사람에게 '인생 2회차'를 살고 있는 것 아니냐는 농담을 하기도 한다.

물론 우리는 누구나 어른이 아닌 아이로 태어나므로 굳이 열등감을 느낄 필요가 없다는 사실을 알고 있다. 그러나 무의식은 그 사실을 모른다. 무의식은 논리적으로 사고하지 않으며, 과거의 일도 현재의 일처럼 느끼게 만드는 힘을 가지기 때문이다. 대소변도 내 마음대로 가리지 못하던 때의 무능감, 나한테 장난치고 저 멀리 뛰어가는 삼촌을 도무지 따라잡을 수 없던 때의 무력감을 비롯해 우리의 무의식에는 열등했던 다양한 경험들이 각인되어 있다. 대체로 이런 경험은 우리를 성장시킨다. 신체와 관련한 열등감 때문에 어떻게든 혼자서 신발을 신으려 애쓰고, 지식과 관련한 열등감 때문에 열심히 구구단을 외우며, 관계에 대한 열등감 때문에 타인에게 호감 사는 법을 궁리한다.

이렇게 누구나 예외 없이 태생적 열세를 안고 삶을 시작한다는 사실은 우리를 노력하게 만드는 강력한 동기로 작용한다. 그러나 그 사실은 한편으로 우리를 고통스럽게 한다.

입사 동기의 완벽한 프레젠테이션을 보고 놀람(일차감정)

→ 열등감을 느낌(이차감정)

→ 모든 면에서 열등했던 무의식 속 경험이 자극됨

→ 동기에 비해 모든 면에서 열등한 것 같은 느낌에 사로잡힘

→ 모두에 비해 모든 면에서 열등한 듯한 느낌에 사로잡힘

→ 고통스러운 마음이 됨

이것이 열등감이 우리를 괴롭게 하는 과정이다. 애초에 열등감을 불러일으킨 계기는 어느새 잊히고 스스로를 모든 사람과 비교했을 때 모든 면에서 열등한 것만 같은 '느낌'만 남게 되는 것이다. 그리고 그 느낌은 '이번 생은 노답'이라는 농담에서부터 꽤 심각한 우울감에 이르기까지 다양한 모습으로 표현된다.

열등감을 이기려 하지 말기

그렇다면 열등감을 어떻게 극복할 수 있을까? 아니,

사실 열등감은 극복할 필요도 떨쳐낼 필요도 없다. 때로는 부러워하기도 하고 때로는 우쭐하기도 하자. 대신 앞에서 설명한 열등감의 두 가지 특징을 기억하자. 나뿐만 아니라 모든 사람은 열등감과 관련한 일종의 무의식적 착각을 할 수밖에 없다는 점과 우리가 이뤄낸 눈부신 성과와 능력들은 열등감이라는 고차원적 감정 덕분에 얻을 수 있었다는 사실 말이다. 이 두 가지를 잘 기억하는 것만으로도 우리는 열등감이라는 감정을 무서워하지 않고 다룰 준비가 된 셈이다.

준비가 됐다면 'me why'에서 'task how'로 나아가야 한다. '나라는 인간은 대체 왜 이렇지?'에서 '열등감을 느끼는 이 부분을 어떻게 하면 해결할 수 있지?'로 관심의 초점을 반드시 옮겨야 한다. 이것이 열등감이 우울감으로 변하는 걸 막을 수 있는 가장 강력한 전략이다.

주어를 '나'에서 '그 업무(능력, 태도, 외모 무엇이든 좋다)'로 바꾸라는 뜻이다. 나 자신을 한 데 묶어 비하하려는 순간 재빨리 알아차려라. '아, 방금 저 프레젠테이션에 감탄해서 열등감을 느낀 것뿐인데 또 나 자신을 통째로 싸잡아서 열등하다고 비난하려 했구나'라고 생각하라. 적어도 열등감과 관련해서는 '나는 왜 이러지?'라는 식의 질문을 했을 때 얻어낼 것이 아무것도 없다.

'me why'를 'task how'로 바꾸는 순간 우리는 나를 성장시킬 엄청난 연료를 손에 넣은 셈이다. 그러니 열등감이 느껴지는 순간, 차라리 반가워해도 좋다. 인류를 발전시키고 나를 어른으로 만들어주었던 그 무기가 내 손에 다시 쥐어졌음을 느껴라. 어떻게든 기를 쓰고 이렇게 생각하려고 해보자. '나는 저 친구보다 발표력이 미숙하구나. 어떻게 하면 이 능력을 더 키울 수 있을까?'

잊지 말자. 내 안에서 솟아오르는 열등감은 무서워하며 도망쳐야 하는 감정이 아니다. 모든 사람이 공유하고 있으며 잘만 하면 얼마든지 내 편이 되어줄 감정이 바로 열등감이다. 나는 그저 더 나아지고 싶을 뿐이다. 정말이지 열등감은 죄가 없다.

일터의 스트레스를 확실히
풀어버리는 단 한 가지 방법

———————————————————— ✳ 회복탄력성

나는 아무리 생각해도 멘탈이 너무 약한 것 같다. 팀
장님이 조금만 뭐라고 하면 한동안 위축돼서 눈치를
본다. 그러면 팀장은 또 내 눈치를 보면서 서로 꽤나
어색한 상황이 만들어진다. 일부러 불편하게 하려는
의도는 아니지만 한동안 평소처럼 대하기가 힘들어
지는 건 정말 어쩔 수가 없다.

얼마 전 출근길에 차가 막혀서 처음으로 지각이라는

걸 했을 때도 마음을 추스르기가 어려웠다. 차 안에서는 너무 짜증이 나면서도 불안했고, 좀 더 일찍 나오지 않은 스스로에게도 화가 났다. 사람들이 어떻게 생각할지도 걱정이 됐고, 지금껏 쌓아온 나에 대한 신뢰나 이미지가 다 엉망이 되는 건 아닐까 싶어 기분이 가라앉은 채로 며칠을 보냈다.

그런데 내 옆자리 동료는 신기할 정도로 멘탈이 강해 보인다. 지적을 받았을 때도 정중한 태도로 수긍하고, 다시 그 사람을 자연스럽게 대한다. 그러니 주변 사람들도 그가 상처받을까 봐 부담스러워하지 않고 편하게 대하는 것 같다. 그래서 인기가 많은 걸까? 나도 그런 사람이 되고 싶은데, 쉽지가 않다.

똑같은 상황을 겪었는데도 누군가는 금방 추스르며 일어나고, 누군가는 꽤 오랫동안 고통받는다. 신기한 일이다. 그리고 우리는 보통 금방 추스르는 쪽을 멘탈이 강한 사람, 오랫동안 고통받는 쪽을 멘탈이 약한 사람이라고 말하곤 한다. 멘탈이 강하다고 으스댈 필요도, 약하다고 주눅 들 필요도 없지만 어쨌거나 멘탈이 강한 사람이 여러 고난을 비교적 수월하게 통과하는 건 사실이다. 그래서 많은 사람이 멘탈이 강한 사람을 부러워하는 것이다. 그렇다면 우리가 '멘탈'이라고 부르는 것의 실체는 대체 무엇일까?

발달심리학자인 에미 워너(Emmy Werner)는 하와이의 카우아이섬에서 태어난 698명의 어린이를 32년간 관찰했다. 이들 중 3분의 1은 심각한 가난이나 건강 문제, 양육자가 기본적인 돌봄도 제공하지 못하는 상황 등 한마디로 '역경'이라고 부를 만한 수준의 환경에 처해 있었다. 그럼에도 불구하고 이런 처지의 아이들 중 3분의 1에 해당하는 72명은 자라면서, 그리고 성인이 된 이후에도 긍정성을 유지하고 자신의 인생에 잘 적응하며 살아갔다.

카우아이섬에서 자라난 이 72명의 어린이, 이런 강철 멘탈의 소유자들을 우리는 '회복탄력성(resilience)'이라는 심리학 개념으로 설명할 수 있다. 스트레스를 받은 뒤 상대적으로 빠르게 평소 모습으로 돌아오는 사람을 보고 우리는 그가 회복탄력성이라는 심리적 자원을 가졌다고 표현한다.

사실 회복탄력성 같은 심리적 요인을 연구하게 된 것은 비교적 최근의 일이다. 1990년대 이전까지는 부정적인 사건이 개인에게 어떤 해악을 가져다주는지에 대한 연구에 주로 초점이 맞춰져 있었기 때문이다. 같은 사건을 겪을 때 더 파괴적인 고통을 겪는 사람은 어떤 점이 취약해서 그런가에 대한, 즉 개인의 취약성에 관심이 집중되어 있었다. 워너의 연구로 비유하자면 예전에는 역경을 겪은 이들 중 3분의 2에게 나타나는 지속적인 고통에 집중했다면 지금은 나머지 3분의 1에게서 발견되는 회복탄력성에 집중하게 된 것이다.

그렇다면 스트레스를 받은 후 이전 수준으로 복귀할 수 있는 힘은 무엇이 갖춰졌을 때 잘 발휘될까? 여러 주장과 가설이 있지만 먼저 사람들이 흔히 잘못 생각하기 쉬운 믿음에 대해 잠시 짚고 넘어가고 싶다. 우리는 보통 어떤 상황에서도 감정 변화가 크게 없는 사람일수록 멘탈이 강할 것이라고 생각하지만 꼭 그렇지는 않다. 상황이 달라지면 감정도 달라져야 한다. 좋은 일이 있을 때는 기뻐야 하고, 안 좋은 일이 있을 때는 슬프거나 화가 나야 한다. 어떤 감정을 느껴 마땅한 상황에서 우리는 그 감정을 느낄 줄 알아야 한다.

그런데 타인에 대한 공감이 부족해서 눈치를 안 보는 바람에 감정의 동요가 없거나, 스스로의 감정을 자신도 모르게 억압해서 감정 변화가 없어 보이는 사람들이 있다. 어떤 상황에서든 그저 쿨해 보이니까 우리는 이런 이들을 멘탈이 강한 사람이라고 오해하곤 한다. 그러나 이런 사람들은 타인이나 자기 자신의 감정을 충분히 알아주지 못하는 바람에 다른 사람들과 만족스러운 관계를 맺지 못하거나 스스로가 소진되고 있다는 사실조차 모른 채 지낼 수도 있다.

회복탄력성은 어떤 상황에서든 비슷한 감정을 유지하는 것과는 다르다. 감정의 기복을 어느 정도 타지만 다시 이전 수준으로 복귀할 수 있는 것이 회복탄력성의 핵심이다. 스트레스를 품는 단계 없이 바로 튕겨내는 것은 누구도 가능하지 않다. 용수철처럼 회복이 되려면 스트레스가 주는 충격을 인식하고 자신 안에 품는 과정이 반드시 필요하다. 그래서 회복탄력성은 심리적인 면역력에 흔히 비유된다. 바이러스에 감염되었을 때 한차례 염증세포와 전투를 치른 뒤 원래의 상태로 회복되는 메커니즘이 회복탄력성과 매우 유사하기 때문이다.

그래서 진정한 의미로 멘탈이 강해지고 싶다면 스트레스를 받았을 때 부정적인 감정을 경험하는 건 필수라고 생각해야 한다. 스트레스로 인해 감정적인 충격이 발생한다는 사실을 받아들여야 한다는 뜻이다. 그래야 그 충격을 최대한 잘 다룰 수 있고 결과적으로 스트레스로부터 더 수월하게 빠져나올 수 있다.

영원한 건 없다는 믿음

이렇게 스트레스로 인해 생겨날 감정을 인정하고 나면 우리는 이제 제일 중요한 다음 단계로 나아갈 수 있다. '지금의 괴로움이 이 정도의 강도로 영원히 지속되지는 않을 것이다'라는 사실을 기억하는 일이다. 가수 아이유는 한 인터뷰에서 기분이 안 좋을 때 어떻게 푸는지에 대한 질문을 받고 이렇게 답했다. "'이 기분 내가 5분 안에 바꿀 수 있어'라고 생각하고 일단 몸을 움직여요." 이 방법은 괴로움이 영원할 것이라는 함정에 빠지지 않게 해주는, 대단히 유용한 심리적 전략이다.

미국의 심리학자 마틴 셀리그먼(Martin Seligman)은 우리가 스트레스 상황에서 흔히 빠지기 쉬운 함정으로 '영속성(permanence)'을 언급했다. 개인이 나쁜 경험을 했을 때 그 영향이 영원히 작용할 것처럼 믿어버리는 경향을 의미한다. 그래서 그 순간만큼은 이 괴로운 기분에서 빠져나올 방법이 없고, 아무 노력도 소용이 없을 것만 같은 무력감에 압도되는 것이다. 그러나 절대로 그렇지 않다. 살아오면서 지나온 크고 작은 스트레스의 순간들을 떠올려 보자. 물론 그중 어떤 것은 꽤 오랫동안 일상에 영향을 주며 나를 힘들게 했을 것이다. 하지만 그중 많은 일은 그저 한동안의 이불킥에 지나지 않았을 것이며 어떤 경험은 친구들과의 대화에서 빠지면 서운한 안 줏거리가 되었을 것이다. 그리고 대부분은 뭐였는지 지금은 떠오르지도 않는 일들이다.

지금 나를 곤란하게 하는 이 상황과 그로 인한 나의 비참하고 괴로운 기분이 언젠가는 반드시 끝나리라는 믿음을 갖는 것만으로도 우리는 순간을 견뎌낼 힘을 얻는다. 물론 우리는 아이유가 말한 5분보다 충분한 시간을 가져도 된다. 지각 사건으로 인한 괴로운 감정은 하루 동안 이어질 수도, 일주일 동안 이어질 수도 있지만 반드시 서서히 줄어들 것이다. 몇 년 뒤에는 나한테 그런 일이 있었나 싶을 정도의 일이 될 것이다.

이 괴로움이 언젠가는 끝날 것이라는 사실이 여전히 믿어지지 않는가? 그렇다면 그 사실을 검증할 만한 증거를 지금부터 쌓아보자. 가장 최근에 스트레스받았을 때의 기분 점수가 0점(괴로움 없음)에서 10점(인생 최악의 괴로움)까지 중 몇 점이었는지 적어보자. 그리고 일주일, 한 달, 1년 뒤에 다시 점수를 매겨보자. 이 과정을 몇 번 반복하다 보면 괴로움에도 반드시 끝이 있다는 사실을 믿을 수 있게 될 것이다.

스트레스 상황에서 빠지기 쉬운 함정은 또 있다. 바로 '확산성(pervasiveness)'이다. 이것은 내가 겪은 곤란한 일이 삶의 모든 영역에 영향을 미칠 것이라고 생각하는 경향이다. 확산성의 영향을 받으면 무의식 속에서 나는 어느새 모든 면에서 파멸로 가득한 삶을 사는 운명에 놓인다. 영속성이 스트레스가 가져다주는 시간적 개념의 함정 반응이라면 확산성은 공간적 개념의 반응인 셈이다. 스트레스의 이런 영속성과 확산성은 우리의 괴로움에 자꾸만 이자를 붙인다. 이자를 최대한 덜 치르려면 지금 느끼는 이 괴롭고 불편한 감정이 적어도 내 삶의 모든 영역에 영원히 영향을 끼치지는 않는다는 사실을 계속해서 나에게 일깨워줄 필요가 있다.

용수철 멘탈 만들기

그럼 이제 다시 원치 않게 회사에 지각했던 상황으

로 돌아가 보자. 교통 체증에 갇힌 나는 온갖 후회와 걱정과 짜증과 분노를 느낄 것이다. 이때 멘탈이 강한 사람을 떠올려 보자. 그는 결코 날아오는 어떤 시련이든 무조건 튕겨내는 사람이 아니라, 용수철처럼 충격을 흡수하며 구부러졌다가 서서히 돌아오는 사람이다. '나는 왜 멘탈이 약해서 이런 상황에서도 마음을 추스르지 못하지?'라고 생각하는 대신 '멘탈이 강한 사람이든 아니든 지금 이 상황이 별로인 건 사실이잖아?'라고 생각하면서 시원하게 내뱉어 보자. "아 짜증 나!"

그런 다음 이렇게 생각해 보자. '지금은 정말 기분이 별로지만 이 기분이 영원하지 않으리라는 건 분명해. 지금까지 살면서 별로인 상황들이 수없이 있었잖아? 그런데 지금은 생각도 안 나! 영원한 건 없다는 걸 믿어보자.' 이렇게 영속성의 함정에서 벗어나 시간의 힘을 믿는 것만으로도 우리는 조금 살 만해진다. 그런 다음 확산성의 함정도 짚고 넘어가자. '한 번 지각했다고 그간 쌓아온 이미지가 단번에 망가지지는 않아. 이 일로 회사 생활이 엉망이 된 것도, 내 삶이 엉망이 된 것도 아니야. 한 번의

지각은 그저 한 번의 지각일 뿐이라는 걸 믿어보자.'

강철 멘탈의 비결은 별다른 것이 아니다. 스트레스에는 감정적인 충격이 당연히 동반된다는 사실을 기억하고, 그 감정이 서서히 개선될 것이라는 믿음을 가지며, 영속성과 확산성의 함정을 알아차리는 것. 이런 마음가짐이 당신을 강철 멘탈로 만들어줄 것이다. 다시 말해 강철 멘탈이란 절대 찌그러지지 않는 멘탈이 아니라 용수철처럼 찌그러졌다 펴졌다 하기를 반복하는 유연한 멘탈인 것이다.

매일 보는 사람이
매일 밉다면

―――――――――――――――――――― * 혐오

◖◗

각자 회사에서 극혐하는 동료 말해보자! 나부터 시작한다.

일하다가 맨날 슬그머니 양말 벗고 있는 인간. 진짜 싫음. 남들이 모르는 줄 앎. 대화할 때마다 끝까지 듣지도 않고 항상 "그게 아니라"로 자기 얘기 시작하는 인간도 마찬가지임. 아니긴 뭐가 아니야. 그중에 최악은 본인 외모는 생각도 안 하고 남들 외모 지적하고 다니는 상사. 진짜 별로.

is*** 기본적인 맞춤법 맨날 틀리면서 맞다고 우기는 인간. 그래놓고 본인이 틀렸다는 게 밝혀지면 그런 사소한 게 뭐가 중요하냐고 함…

12a** 업무시간에 계속 부스럭거리면서 과자 먹는 사람. 심지어 밥 먹을 때도 쩝쩝거림…

j*s*** 다 같이 커피 마실 때 죽어도 자기 쿠폰에 도장 찍으려고 하는 후배.

단순한 혐오를 넘어서서 극단적으로 혐오한다는 뜻의 '극혐'이라는 단어는 신조어를 넘어 일상어로 정착되었다. 표현은 과격해졌지만 사실 혐오 자체는 인간의 가장 기본적인 여섯 가지 감정 중 하나로 늘 우리와 함께해왔다(그 밖의 기본적인 감정으로는 슬픔, 행복, 놀람, 분노, 공포가 있다).

'혐오감(a feeling of disgust)'은 상당히 즉각적인 감정이다. 공공장소에서 대놓고 코를 파는 사람이나 토요일 아침 길바닥에 지뢰처럼 놓인 토사물(과 그것을 먹는 비둘기)을 볼 때 우리는 반사적으로 '우웩' 하며 고개를 돌린다. 이렇듯 혐오감은 생각할 겨를 없이 느끼게 되는 감정이기 때문에 조절하기도 쉽지 않다. 게다가 혐오감을 불러일으키는 존재가 일터에 함께 있다면 무척이나 괴로울 것이다. 지하철에서 고성방가하는 사람이 있다면 옆 칸으로 피신하든 내리든 그 자리를 피할 수라도 있는데 일터에서는 그러기도 어렵다. 벗어나기 어려운 대상을 심지어 매일 마주해야 한다는 사실은 혐오감을 더욱더 강화한다. 혐오는 어느새 극혐이 된다.

우리는 언제 역겨움을 느낄까?

그런데 아이러니하게도 우리는 혐오라는 감정을 탑

재한 덕분에 스스로를 보호하고 생존할 수 있었다. 혐오가 없었다면 우리는 곰팡이가 핀 음식을, 숲속에 숨어 있는 뱀을 피하지 않고 호기심을 가진 채 먹어보고 만져보려 하다가 큰 화를 입었을 것이다.

오랫동안 혐오의 심리를 연구한 심리학자 폴 로진(Paul Rozin)은 혐오감이 개인의 신체를 보호하기 위한 감정에서 시작해 점차 개인의 영혼과 사회의 질서를 보호하는 방향으로 확대되어 나갔다고 말한다. 놀랍게도 우리는 배설물이나 징그러운 벌레를 볼 때 그것이 입에 들어오는 모습을 떠올리면서 역겨움을 느끼는 보편적 경향을 지니고 있다. 이것을 '핵심 혐오'라고 부른다. 여기서부터 혐오의 범위는 동심원처럼 넓어진다. 죽어 있거나 성행위를 하는 사람의 모습처럼 인간이 동물임을 상기시키는 모습을 목격할 때 우리는 대인 혐오를 느끼고, 연쇄살인에서부터 이기적이고 얄미운 행동에 이르기까지의 행위, 또는 집단의 규범을 위반하는 사람에 대해서는 도덕적 혐오감을 느낀다.

이렇듯 핵심 혐오에서부터 도덕적 혐오까지 혐오의

대상은 그 모습이 모두 달라 보이지만, 우리가 상한 음식과 연쇄살인범에 대해 똑같이 '역겹다'는 표현을 사용한다는 점을 생각해 보면 각각의 대상이 불러일으키는 공통적인 느낌이 존재한다는 사실에 동의할 수 있을 것이다. 그리고 이 감정은 어떤 대상이 마치 내 몸 안으로 침투하기라도 할 것처럼 느껴지면서 극대화된다. 혐오감은 이처럼 유해한 병원균뿐만 아니라 해로운 모든 것들에 오염되는 일로부터 우리를 보호해 준다.

그런데 모든 혐오감이 합리적으로 발생하는 것은 아니다. 집단의 성향이나 문화, 개인적인 편견도 적잖게 작용한다. 예를 들어 우리나라에서는 점심을 먹은 후 직원들이 삼삼오오 모여 화장실에서 이를 닦는 것이 자연스러운 풍경이지만 서양 문화권에서는 아니다. 이들은 공공장소에서 이를 닦는 행위를 병균을 옮기는 불결한 행위로 간주하며 혐오한다. 반대로 우리는 신발을 신고 아무렇지도 않게 침대에 올라가는 서양인들을 볼 때 혐오감을 느낀다.

혐오에 숨겨진 비합리에 관한 유명한 실험이 하나

있다. 연구자들은 새 일회용 컵에 주스를 따른 뒤 참여자들이 한 모금씩 마시도록 했다. 그런 뒤 완벽하게 멸균한 바퀴벌레를 그 주스에 잠시 담갔다가 뺐다. 그러고는 실험 참여자들에게 이 주스를 계속 마실 의사가 있는지를 물었다.(맙소사!) 당연히 주스를 더 마시고 싶다는 사람은 없었다. 사실 완벽히 멸균된 바퀴벌레를 담갔다 뺀 주스는 이론적으로 그 전의 상태와 다를 바 없지만 우리는 선뜻 그 주스에 손을 뻗을 수 없다.

만약 완벽히 멸균한 바퀴벌레를 잠깐 담갔다 뺀 주스와 닦지 않은 나의 새끼손가락을 담갔다 뺀 주스 중 하나를 꼭 선택해야 한다면 당신은 어떤 주스를 마시겠는가? (둘 중 하나를 굳이 마셔야 하는지에 대한 합리적인 의문은 잠시 내려놓자!) 손가락이 들어갔다 나온 주스가 사실은 더 불결하지만 아마도 더 많은 사람이 그 사실을 알면서도 손가락을 담갔다 뺀 주스를 택할 것이다.

마찬가지로 도덕적 혐오에도 비합리성이 존재한다. 한 연구에서는 역겨운 냄새를 맡았거나 불쾌한 소음에 노출되어 있는 등 혐오감이 유발되는 상황에 처한 사람이 그렇지 않은 사람에 비해 더 큰 도덕적 혐오를 느낀다는 사실이 밝혀졌다. 또한 이런 상황에서 사람들은 여러 사람을 구하기 위해 한 명이 희생당하는 것이 마땅하다는 식의 공격적인 도덕 판단을 내리는 경향을 보였다. 이 연구에서 알 수 있는 사실은 우리가 처한 환경이나 컨디션에 따라 혐오감의 크기가 달라진다는 것이다.

혐오를 대하는 태도에 관하여

그렇다면 당장은 바뀌기 어려운 환경에 둘러싸인 일터에서 혐오감을 잘 다룰 수 있는 방법은 무엇일까? 혐오감은 굉장히 즉각적인 감정이기 때문에 그것이 마음속에서 아예 피어나지 않도록 하기는 어렵다. 그렇다고 혐오를 느끼는 나를 비난할 필요도 없다. 다만 내가 느끼는 혐오감의 크기가 혐오감을 불러일으킨 대상의 잘못과 반드시 비례하지는 않는다는 점을 기억하는 것이 좋다. 혐오감으로 고생하는 나 자신을 위로하고 존중하되 그것이 섣부른 정당화로 이어지지는 않도록 노력하자. 혐오감을 정당화하는 순간 우리는 스스로를 무력한 사람으로 만드는 거대한 프레임에 갇히게 되기 때문이다. '혐오를 유발하는 저 사람이 저 모습 그대로 존재하도록 두는 건 정의롭지 못한 일인데도 나는 아무것도 못하고 있구나. 이렇게 무력할 수가!'

그리고 내게 혐오감을 불러일으키는 것들을 모두 극혐이라고 퉁치기보다는 그것들이 실제로 안겨주는 괴로움의 크기를 한번 비교해 보자. 한마디로 '극혐'과 '약혐'을 구분해 보자는 것이다. 우리가 조금이라도 혐오스러운 모든 것들을 향해 '극혐'이라는 말을 뱉는 순간 무의식은 그 모든 것들이 나를 엄청난 강도로 괴롭히고 있다고 착각하게 되기 때문이다. 그러나 극혐으로 치부되던 모든 것들 중 약혐을 골라낼 수 있다면, 모든 것이 극혐일 때보다는 좀 더 나은 기분을 느낄 수 있을 것이다.

혐오감을 불러일으키는 대상과 어떤 식으로든 유대감을 맺어보려는 시도 역시 혐오감을 줄여줄 수 있다. 한 연구에서는 실험 참여자들이 재학 중인 대학교의 로고

가 새겨진 티셔츠와 다른 대학교의 로고가 새겨진 티셔츠를 모두 땀에 젖게 만든 후 냄새를 각각 맡게 했다. 그런 뒤 혐오감의 정도를 비교했다. 실험 결과, 자신이 속한 대학교의 티셔츠 냄새를 맡았을 때 혐오감이 상대적으로 덜했다. 이 실험대로라면 내가 소속감을 느끼는 대상인지 아닌지에 따라 같은 상황에서도 더 적은 혐오감을 느낄 수 있는 것이다. 예를 들어 함께 열심히 준비한 프로젝트를 마치고 나면 공유할 수 있는 추억이 생기면서 그 전까지는 괴롭게 느껴지던 상대의 행동이나 습관에 대해서도 조금은 관대해질 수 있다.

그렇다고 해서 싫어하는 대상과 억지로 친해지라는 뜻은 아니다. 다만 그와 무언가를 공유하면서 유대감을 느낀다면 그 과정이 나를 조금이나마 관대하게 만들어줄 수 있고, 결과적으로 내 마음이 편안해질 수 있다는 것이다. 잘만 된다면 내가 과거에 혐오했던 대상을 누군가 비난할 때 이렇게 받아칠지도 모른다. "그 친구 좀 그런 면이 있긴 하지. 그래도 뭐, 애는 착해~"

이렇게 저렇게 해봐도 안 되면 어떻게 하냐고? 피할

수 있다면 피해라. 그리고 내 안의 유머 감각을 총동원해라. 부스럭거리는 소리를 듣지 않기 위해 귀마개를 끼고 쩝쩝거리는 모습은 되도록 쳐다보지 말자. "그게 아니고"를 반복하는 사람에게는 "그럼 여기가 안이지 밖이냐"며 김빠지는 개그라도 쳐보자. 이도 저도 안 될 때는 가능한 만큼 피하거나 웃음으로 승화하는 방법밖에는 없다. 이 방법들을 최후의 보루처럼 남겨두고, 이제 다시 출격이다. 부디 당신의 일상에서 "극혐!"을 말하는 날들이 줄어들 수 있기를 진심으로 바란다.

반복되는 월요일이
여전히 두렵다면

———————————————————— ✳ 불안

●━

"하… X쓰레기 요일이 다가온다!"

일요일 저녁이 되니 친구들과의 단체 채팅방에 어김
없이 푸념이 올라오기 시작한다. 모두 내일 출근을
앞두고 마음이 심란해 보인다. 실체를 알 수 없는 무
거운 기분에 사로잡혀 일요일을 마무리하는 내 마음
도 그들과 같다. 월요병은 왜 겪을수록 익숙해지기
는커녕 더 심해지는 건지 모르겠다.

일요일 밤에는 잠들기도 유독 쉽지 않다. 정신없을 출근길, 지난주에 미처 다 해결하지 못한 일거리, 주말 사이에 쌓였을 메일, 피곤하고 어수선한 표정으로 앉아 있을 동료들… 이것저것 순서를 가리지 않고 머릿속에 떠오르면서 잠은 점점 더 멀리 달아난다. 그렇게 시간은 계속 흐르고, 가뜩이나 피곤할 월요일 아침인데 잠잘 시간은 자꾸 줄어든다. 하, 지금 자면 몇 시간 잘 수 있으려나?

월요일만큼 많은 이들에게 미움받는 요일도 없을 것이다. 사정에 따라 조금씩 다르기는 하지만 일주일은 '워어어어얼화수목금퇼'로 불리고 월요일은 'X쓰레기 요일'이라고 공공연히 일컬어지는 걸 보면 월요일이 일주일 중 공공의 적인 것만은 분명해 보인다. 우리가 흔히 '월요병'이라고 부르는 상태, 즉 다가오는 월요일을 두려워하며 무거운 마음으로 일요일 저녁을 보내는 현상은 우리나라에만 있는 것이 아니다. 미국에서는 월요일을

'블루 먼데이(blue monday)'라고 칭하며 월요일을 앞두고 두려워하는 마음을 '일요일 신경증(sunday neurosis)'이라고 부른다. 기분은 대체로 월요일에 최악이고 그다음 날부터 나아지기 시작하다가 금요일에 급격히 좋아진다. 참고로 금요일에 대해서는 '금요일이라니 감사합니다!(TGIF, Thanks God It's Friday!)'라는 표현이 있을 정도다. 하지만 토요일에 정점을 찍었던 기분은 일요일이 끝나갈 무렵 다시 급격히 저하된다.

달콤한 휴가가 끝나갈 때의 기분은 또 어떠한가. 휴가의 마지막 날을 월요병보다 몇 배는 더 큰 심란함 속에서 보내는 사람들이 많을 것이다. 그러나 많은 이들을 괴롭히는 이 감정의 가장 기묘한 점은 두려워하던 월요일을 막상 겪는 동안에는 그렇게까지 고통스럽지 않다는 점이다. 대체 어째서 그럴까?

이 기묘함을 설명할 수 있는 키워드는 바로 '불안(anxiety)'이다. 물론 불안은 일요일 저녁뿐 아니라 삶의 전반에서 공기처럼 함께한다. 불안은 어디에나 있다. 아주 옅은 농도에서부터 아주 짙은 농도에 이르기까지 다양한 얼굴을 하고 불쑥 나타난다. 매우 까탈스럽고 불편하기 짝이 없는 상사로부터 '대리님'이라고만 쓰여 있는 메시지를 받았다고 가정해 보자. 벌써 가슴이 두근거린다. '그냥 말을 거는 걸까, 아니면 뭐 또 시킬 게 있나? 아니면 제출한 보고서에 어마어마한 오류라도?!?' 이리저리 짐작하며 에너지를 소모하게 될 것이다. 마치 평화로운 일요일 저녁, 느긋하게 쉬던 나를 불러 놓고는 말이 없는 월요일을 마주했을 때처럼 말이다.

불안은 이처럼 무언가 불쾌한 일이나 엄청난 위험이 닥칠 것처럼 느껴지는 정서적 상태를 일컫는다. 불안과 비슷한 감정으로 '공포(fear)'가 있는데, 공포와 불안은 때때로 구별이 어렵지만 이론적으로는 구별되는 감정이다. 지금 당신이 어두운 숲속을 걷고 있다고 상상해 보자. 이때 갑자기 나무 뒤에서 커다란 곰이 튀어나왔다면 그 순간 느낄 감정이 바로 공포다. 반면 불안은 숲길을 걷는 내내 당신을 괴롭히는 감정이다. '저거 곰 발자국 아니야? 이 숲에 곰이 사나? 갑자기 곰이 튀어나오면 나는 어쩌지? 죽은 척해야 하나? 나무를 타야 하나?' 수천 가지 생각을 하며 숲길을 걷고 있을 당신이 느끼는 감정이 불안이다. 우리는 일상에서 대체로 공포보다는 불안을 더 자주, 더 오래 겪을 수밖에 없다. 그래서 불안을 어떻게 이해하고 다루는지는 삶의 질에 큰 영향을 준다.

지그문트 프로이트(Sigmund Freud)는 원인이 외부에 있는지 내부에 있는지에 따라 불안을 두 가지로 구분했다. 외부세계에 실제로 존재할 만한 위협에 대한 불안인 '현실적 불안(realistic anxiety)'과 마음 안에만 존재하는 불안인 '신경증적 불안(neurotic anxiety)'이다. 이 두 종류의 불안은 한 사람 안에서 한 가지 주제와 관련해서도 동시에 존재할 수 있다.

부서가 바뀌면서 새로운 업무를 맡게 된 경우를 생각해 보자. 낯선 환경에서 낯선 업무와 관련된 발표를 앞두고 내가 과연 잘할 수 있을지 걱정하는 것은 현실적 불안이다. 그러나 이런 현실적 불안에 내적 요소가 더해지면 이 불안은 순식간에 신경증적 불안이 된다. 완벽한 발표를 하지 못하고 실수를 하거나 어설픈 모습을 보이면 팀장님은 나에게 실망하고 동료들로부터는 비웃음을 살 것이며 그렇게 한번 안 좋은 인상이 박히고 나면 그것을 뒤집는 것은 불가능하다고 생각해 버리는 것이다. 첫 단추를 잘못 끼우는 바람에 커리어는 가시밭길이 되고 스스로는 실패자가 될 것이라는 생각이 바로 신경증적 불안이다.

물론 신경증적 불안은 우리 모두의 마음에 존재하며 적당한 크기일 때는 개인을 보호하는 기능을 하기도 한다. 그러나 이것이 지나치게 커지면 개인의 행복감과 삶의 질을 저해하게 된다. 월요병이라는 불안의 크기도 월요일 근무라는 외부 자극이 우리의 내적인 요소와 만나면서 결정된다. 물론 월요일에 어떤 일이 펼쳐지고 얼마나 고생스러울지에 대한 현실적인 걱정이 들 수는 있다. 그러나 그 불안 때문에 현재의 편안함과 즐거움이 지나치게 손상된다면 내 안의 내적인 요소를 들여다보는 일이 필요하다. 예를 들어 누군가는 일이 몰렸을 때 실수하는 자신을 용서하기 어렵다는 생각을 품고 있을 수 있고,

또 다른 누군가는 타인의 부탁을 거절하면 자신이 버림받을지도 모른다는 생각을 품고 있을 수 있다.

이러한 우리의 내적 요소들과 더불어 불안에 영향을 미치는 또 다른 요인은 바로 자극의 '모호성(ambiguity)'이다. 인간은 오랜 세월 동안 모호한 자극에 민감하게 반응했기 때문에 생존 확률을 높일 수 있었지만 다른 한편으로 그렇게 생존한 인간은 그 대가로 불안을 안고 살게 되었다. 이 모호성은 다시 두 가지로 나눌 수 있는데, 시험을 치르고 나서 합격할지 불합격할지 알 수 없을 때처럼 일이 어떤 결과를 가져올지 모를 때의 모호함인 '확률적 불확실성(probabilistic uncertainty)'과 어떤 일이 반드시 일어나긴 할 텐데 언제 일어날지 알 수 없다는 데서 오는 모호함인 '시간적 예측 불가능성(temporal unpredictability)'이다. 우리의 죽음이 언제 찾아올지 알 수 없다는 점도 시간적 예측 불가능성이다. 다른 회사와의 경쟁 프레젠테이션에서 처참하게 완패한 상황을 떠올려 보자. 프레젠테이션을 진행한 팀장에게 본부장이 면담을 예고했는데, 언제 면담을 할 것인지는 알려주지 않고 있는 상황이다. 이제부터 팀장은 불안해진다. 차라리 빨리 불려 가서 잔뜩 깨지고 나오면 묘한 편안함을 느낄지도 모른다. 매도 먼저 맞는 것이 낫다는 말이 이럴 때 나온다.

이렇게 모호함이 우리의 불안감을 증폭시키는 이유는 중립적이고 모호한 자극이 있을 때 인간은 그것을 모호함 자체가 아닌 부정적 자극으로 분류하는 경향이 있기 때문이다. 그리고 이 경향은 성격적인 불안도가 높은 사람일수록 더 심하게 나타난다.

불안에 제동 걸기

월요일에서 시작해 여기까지 왔다. 그렇다면 우리는 다가오는 월요일을 어떤 태도로 맞이하는 게 좋을까? 먼저, 불안과 관련된 인간의 특성을 알고 있는 것만으로도 도움이 된다. 모호한 자극을 부정적인 자극으로 분류하는 우리의 본능을 알고 있다면 의도적인 조절이 어느 정도 가능한 전전두엽을 동원해 바로잡으려는 시도를 해볼 수 있다. "또 얼마나 빡센 월요일이 될까?" 하며 불안과 공포를 관장하는 편도체가 본능적으로 우리의 불안을 자극할 때 "지금껏 셀 수 없이 많은 월요일을 지나왔지만 별일 없었잖아" 하며 전전두엽을 의식적으로 활성화해 불안에 제동을 걸어보는 것이다. 물론 본능의 신호를 완전히 무시하라는 말은 결코 아니다. 오히려 덮어놓고 무시했다가는 낭패를 볼 수도 있다. 다만 우리가 모호한 단서를 때로는 너무 불필요하게 위협적으로 받아들일 때도 있다는 사실을 기억하자는 뜻이다. 예를 들어 전전두엽은 이렇게 말할 수 있다. "월요일은 괴롭기도 하지만 많은 것이 새롭게 시작되는 날이지. 역동적이고 흥분되는 날이야. 여태까지 수많은 월요일을 지나왔을 때 기분은 늘 더 나아졌다는 걸 잊지 말자!"

그래도 안 죽는다는 사실 알기

모호함 자체를 줄여보는 것도 좋은 방법이다. 가장 좋은 방법은 가능한 만큼 모호함을 구체화해 보는 것이다. 월요일에 다가올 일들을 종이에 쭉 적어보면 어떨까? 어떤 메일이 와 있을 것 같은지, 출근길 지하철은 어떨지, 오전의 회의 분위기는 어떨 것 같은지… 그중 내가 통제할 수 있는 것은 무엇이고 없는 것은 무엇인지를 적어보는 행위는 나를 불안하게 만드는 무언가를 구체적이고 손에 잡히는 실체로 만드는 데 도움을 준다. 뇌에 떠다니는 생각들을 종이라는 보조기억장치에 정리해 보면 모호함 때문에 뇌가 받는 부하를 줄일 수 있다.

물론 이런 의문이 들 수도 있다. 모호함을 줄인답시고 무언가의 실체를 너무 구체적으로 생각하면 오히려 더 불안해지는 것 아닐까? 그러나 이 시도의 핵심은 다른 데 있다. 걱정스러운 일들 때문에 우리가 무척 괴로울 수는 있으나 정말로 완전히 파괴되는 건 아니라는 사실을 알아차리는 것이다. 불안의 실체를 확인하고 '그래, 이것 이상의 뭔가는 없겠구나'라고 느낄 때 우리는 비로소 신경증적 불안에서 벗어나 현실적 불안으로 돌아올 수 있다. 이것이 흔히들 이야기하는 "죽기야 하겠어?" 혹은 "죽기밖에 더 하겠어?"에 담긴 진짜 의미다.

확실한 행복 설계하기

이렇게까지 했는데도 여전히 다가오는 월요일이 불안하다면, 모호함으로 가득 찬 월요일을 보낸 뒤 맛볼 분명한 보상을 마련해 놓고 그것을 기다리는 것도 좋다. 월요일 퇴근 후에 제일 친한 친구를 만나거나, 피자를 먹거나, 좋아하는 감독의 영화를 보거나, 실컷 게임을 할 계획을 마련해 보면 어떨까? 아마도 합리성을 관장하는 전전두엽은 이 계획을 미끼로 편도체를 더 잘 달랠 수 있을 것이다.

마지막으로 시간을 두고 찬찬히 시도해 보면 좋을 만한 제안도 하나 하고 싶다. 앞에서도 언급했듯이 우리에게는 저마다 유독 불안해하는 주제가 있다. 이건 너무나도 당연하다. 그렇다면 지금부터 그것이 왜 그토록 불안한지, 걱정되는 그 일이 자신에게 무엇을 의미하는지에 대해 생각해 보자. 예를 들어 월요일 회의에서 부정적인 피드백을 받을까 봐 걱정돼서 잠까지 설칠 정도라면 발표 실수나 부정적 피드백이 나에게 무얼 의미하는지, 나의 부족한 모습을 마주하는 것이 어떤 면에서 어떻게 고통스러운 일인지를 골똘히 생각해 보았으면 한다. 단번에 결론이 나는 문제는 아니다. 그러나 이런 시도는 분명 당신을 신경증적 불안에서 한발 벗어날 수 있게끔 도와줄 것이다.

자, 그럼 이제 가장 모호하고 모험적인 요일을 보낸 뒤 한결 편안해져 있을 나를 상상하며 이번 한 주도 힘을 내보자. 물론 엄청나게 멋지고 산뜻한 시작일 필요도 없다. 그저 시간의 흐름에 나를 맡겨보는 것이다. 모호함은 어느새 가장 확실한 행복으로 바뀌어 있을 것이다.

우리에게 회사는 정말 끔찍하기만 할까?

──────────────────────── ✳ 욕구

인터넷에는 직장인의 애환을 담은 밈과 짤들이 넘쳐난다. 그만큼 많은 사람이 직장 생활의 고충에 깊이 공감하고 있다는 뜻일 거다. 그러나 직장에서 보내는 시간은 정말 끔찍하기만 할까?

적은 월급은 늘 불만이지만 어쨌든 월급날이면 스치는 돈이라도 기분은 좋다. 꾸역꾸역 출근한 회사에서 우리는 옆 팀 동기와 이야기 나누며 입이 찢어져라 웃기도 한다. 내 손을 거쳐 해결된 문제나 만들어진 결과물을 볼 때면 가슴 한구석에 차오르는 묘한 뿌듯함을 모두 한 번쯤은 느껴봤으리라. 나의 일에 영혼까지 갈아 넣고 있다고 말할 수는 없지만 내가 하는 일에 내 영혼이 조금, 아주 조금은 깃들어 있다고 생각하고 있을 당신, 동료들에게 인정받고 있다고 느낄 때면 설레기도 하는 당신에게 회사는 정말 괴롭기만 한 곳일까?

잊을 만하면 한 번씩 '직장을 박차고 나와' 성공한 사람들이 뉴스에 등장해 이렇게 말하곤 한다. "직장인들이여, 지금 당장 짐을 싸서 회사를 나와라!" 월급쟁이로 살아서는 가망이 없다는 말은 하도 많이 들어 귀에 딱지가 앉을 지경이다. 퇴사 후 큰돈을 벌어 인생역전을 이룬 사람들의 이야기가 유튜브에 쏟아지고, 옆자리 동료는 자신이 무능력하고 용기가 없어 직장을 때려치우지 못하고 있다고 입버릇처럼 말한다. 오랫동안 직장생활을 하는 사람에 대해 미련하다는 식의 이야기를 하는 사람들도 적지 않다. 직장은 어느새 착취의 현장이자 하루빨리 탈출해야 하는 감옥이 되어버린 것이다! 최대한 덜 일하는 것만이 착취에 대한 최선의 복수처럼 여겨진다. 월급루팡이 미덕인 시대에 나의 일을 사랑하고 일에서 보람을 찾는 일은 동화같이 비현실적이기만 하다.

물론 맥락을 봐야 한다. 지금까지의 직장문화는 주인 아닌 이들에게 주인의식을, 권리는 콩알만큼밖에 가지지 못한 이들에게 책임의식을 요구해 왔다. '열정페이'라는 이름의 착취와 '정규직 전환'이라는 이름의 희망고문이 계속되었다. 회의 때 새로운 아이디어를 제안하기라도 하면 제안한 사람이 전적으로 맡아 추진해 보라는 지시가 떨어진다. 그렇다고 말없이 앉아있기만 하면 왜 이렇게 소극적이고 창의적이지 못하냐며 닦달하기 일쑤다. 이런 각박한 환경에서 직장에 대한 냉소를 장착하게 되는 것은 어찌 보면 당연하다.

일하는 나와 타인에 대한 이런 자조 섞인 농담과 한탄은 인간의 자연스러운 방어기제라고 할 수 있다. 심리적인 상처와 좌절로부터 스스로를 보호하기 위한 무의식적 전략 말이다. 그렇다면 우리는 대체 무엇이 좌절되는 게 두려운 걸까? 답하기에 앞서 직장생활과 관련해 흔히 오가는 조언 하나를 떠올려 보자.

"직장에서 자아실현하려고 하지 마세요. 본인만 불행해져요. 자아실현은 퇴근하고 나서 취미 생활이나 부업으로 하세요."

이 조언을 통해 많은 이들의 마음속에 자리잡고 있는 두려움이 무엇인지 짐작할 수 있다. 이들은 일터에서 자신의 욕구, 특히 자아실현의 욕구가 좌절되어 실망하는 상황이 두려운 것이다.

그렇다면 욕구란 무엇일까? 욕구는 개인이 느끼는 결핍 상태를 충족하기 위해 무언가를 필요로 하거나 원하는 마음이다. 욕구에 대한 대표적 견해로는 심리학자 에이브러햄 매슬로(Abraham Maslow)의 '욕구 5단계설'이 있다. 매슬로는 인간이 충족하고자 하는 욕구에 다섯 단계의 위계가 있으며 1단계에서 5단계로 갈수록 높은 층위의 욕구라고 말했다.

1단계: 생리적 욕구

2단계: 안전함에 대한 욕구

3단계: 사랑과 소속감에 대한 욕구

4단계: 존중받고자 하는 욕구

5단계: 자아실현의 욕구

가장 높은 단계인 자아실현의 욕구는 타인과 구별되는 자신의 고유한 모습을 구현하고 스스로의 가치를 따르며 자신이 바라는 모습으로 살고자 하는 욕구다. 어째 만만치 않아 보인다. 그러니 자조 섞인 조언이 오가는 것은 당연하다. (회사에서 감히 자아실현을 하려 하다니!) 그렇다면 동료에게 이토록 냉소적인 충고를 해주는 사람의 마음은 어떤 상태일까?

학습된 무기력의 비밀

이런 냉소적인 생각을 하는 사람은 그간의 경험 때

문에 일종의 '학습된 무기력(learned helplessness)' 상태에 놓여 있다고 할 수 있다. 일터와 관련한 수많은 농담역시 학습된 무기력으로 인한 고통의 산물이다. 한 연구에서 심리학자 도널드 히로토(Donald Hiroto)는 아무리 버튼을 눌러도 소음을 멈출 수 없는 환경에 참여자들이 머물도록 했다. 그리고 이어진 두 번째 실험에서 그들중 3분의 2는 버튼을 누르면 소음을 멈출 수 있는 환경에서도 버튼을 누르려는 시도조차 하지 않은 채 불쾌하고 고통스러운 감정만을 유지했는데, 이것이 바로 학습된 무기력이다. 통제하기 어려운 환경에 반복적으로 노출된 사람은 통제 가능한 환경에서도 무기력하게 체념하고 만다.

일터에서도 다르지 않은 현상이 나타난다. 자아실현이 좌절되었던 경험은 우리가 직장에서 아예 그 욕구 자체를 단념하도록 만들었을 것이다. 그는 여러 번의 경험을 통해서 자아실현의 욕구를 간직하는 일이 스스로를더 괴롭게 할 것이라고 믿는 상태가 된 것이다.

그러나 과연 그럴까? 결론부터 말하자면 우리는 일

터에서 자아실현을 추구해서 괴로운 것이 아니다. 추구하지 않기 때문에 괴로운 것이다. 자신에게 필요한 욕구를 추구하지 않으면 점점 더 무기력한 상태로 빠지면서 스스로의 가치를 실제보다 평가절하하게 되기 때문이다. 관련된 연구도 많다.

병원의 청소노동자들이 어떻게 다른 모습으로 일을 대하는지를 살펴본 결과, 이들 중 자기 일의 전문성이 낮다고 생각하며 일에서 큰 의미를 찾지 못한 집단은 만족감이 낮았던 반면, 자신의 업무가 고도의 숙련이 필요한 일이라고 생각하며 어떻게 하면 자기만의 방식으로 일을 잘 해낼 수 있을지 고민했던 집단은 만족감이 높았다. 레스토랑에서 일하는 요리사도 마찬가지였다. 자신의 일이 단순히 고객의 요구에 맞춘 음식을 준비하는 것이 아니라, 자부심이 담긴 창의적인 결과물을 만드는 작업이라고 생각하며 새로운 음식 조합을 고민하는 등 자신만의 경험을 추구한 사람은 수준 높은 만족감을 느끼고 있었다. 그러므로 우리는 어떤 상황에서든 다른 사람이나 직장의 주인을 위해서가 아니라 우리 자신을 위해서 자아실현 추구를 멈추지 말아야 한다.

나의 일터를 가꾸는 법

지금까지의 설명이 마치 까딱 잘못하면 주어진 환경을 탓하지 말고 스스로의 일에 자부심을 느끼라는 식의 고루한 말처럼 들릴 수도 있겠다. 물론 주어진 환경은 늘 녹록지 않고 그래서 우리가 원하는 바를 추구하는 데 자꾸만 방해가 된다. 그러나 우리는 지금의 환경을 비판하면서도 동시에 자아실현을 추구할 수 있다.

우리는 일하는 사람들에 대한 무조건적인 자조와 비하로부터도, 반대로 착취를 정당화하는 열정, 꿈, 주인의식, 책임의식이라는 공허한 구호로부터도 적당한 거리를 두고 계속해서 중심을 잡아나가야 한다. 물론 쉬운 일은 아니지만 그래도 나의 진짜 욕구가 무엇인지를 알아줄 사람은 나밖에 없다. 비틀거리면서도 중심을 잡는 일역시 나만이 할 수 있다.

일터에서 자아실현은커녕 그보다 더 낮은 단계의 욕구조차도 제대로 충족하지 못하는 처지라고 반박할 수도 있다. 극단적인 예로, 일하는 중에 갑자기 지진이 나서 책상이 흔들린다고 가정해 보자. 아니면 건물 어딘가에서 갑자기 불이 났다고 생각해 보자. 이렇게 안전함에 대한 욕구(2단계)가 위협받는 상황에서 사랑이나 소속감, 존중, 자아실현이라는 욕구에 집중하기란 물론 어려운 일이다. 매슬로 역시 처음에는 더 낮은 단계의 욕구가 충족되기 전까지 인간은 그보다 더 높은 단계의 욕구를 추구하지 않는다고 단언했다. 그러나 이 주장에는 많은 비판이 있었다. 생존이 위협받는 상황에서도 서로를 돌보거나 자신의 신념을 향해 묵묵히 나아가는 이들이 분명히 존재했기 때문이다. 매슬로 역시 상위 단계의 욕구를 추구하기 위해 이전 단계의 욕구가 완전히 충족될 필요는 없다며 결국 자신의 이론을 수정했다. 위기의 순간에 우리는 비록 완전하지 않더라도 어느 정도 나 자신이 되고자 하는 모습으로 존재할 수 있는 것이다.

그렇다. 모든 욕구는 신성하지만 거창하지는 않다.

완벽히 달성하지 않아도 되고 그것이 오히려 당연하다. 그러니 모두 원하는 바를 열심히 추구해 보자. 그것이 나를 존중하는 가장 빠른 길이다. 나의 일터를 체념이 아니라 욕망과 좌절이 치열하게 공존하는 장소로 만들 수만 있다면 우리는 어디서든 나 자신으로 존재할 수 있을 것이다.

성과 뒤에 찾아오는 허탈함을
어떻게 할 것인가

———————————————————— ✳ 허무

'그 뒤로 그들은 오래오래 행복하게 살았답니다.'

웬만한 옛날 옛적 이야기는 예외 없이 이렇게 끝나
곤 한다. 이야기를 들은 당신의 생각은 어떤가? 동화
에 등장하는 그들은 정말 아무런 걱정 없이 평생 행
복하게 살았을까?

현실에서 많은 이들이 행복의 조건이라고 믿는 것은 멋진 배우자와의 결혼일 수도, 더 높은 연봉과 직급일 수도, 좋은 학벌이나 집안일 수도 있다. 누군가에게는 아이를 낳아 키우며 집을 넓히고 돈을 불리는 것일 수도 있겠다. 이렇듯 삶의 시기마다 촘촘히 꽂힌 깃발들은 목을 빼고 우리를 기다린다. 깃발을 다 모으고 나면 그 뒤에는 엄청난 행복이 약속되어 있을 것만 같은 느낌도 든다. 그러나 계약서 어디에도 목표를 달성하고 나면 영원한 행복을 보장해 준다는 문구는 없다. 아니, 애초에 계약서를 쓰긴 했던가?

하버드대학교에서 윤리와 행복, 회복탄력성 등에 관한 강의를 했던 조직행동학 박사 탈 벤 샤하르(Tal Ben Shahar)는 이 현상을 '도착오류(arrival fallacy)'라는 용어로 설명한다. 도착오류라… 산 정상을 향해 죽을 힘을 다해 올랐는데 오르고 보니 이 산이 아니었다는 뭐, 그런 끔찍한 이야기일 것만 같다. 사실 비슷하다. 엘리트 스쿼시 선수이기도 했던 그는 대회에서 우승하기만 하면 더

바랄 것 없이 행복한 삶이 기다리고 있을 것이라고 생각했지만 실제로는 엄청난 허무의 감정만이 밀려왔다고 고백했다.

도착오류란 내가 어떤 목표를 달성했을 때 느낄 감정에 대해 과대평가하는 것을 말한다. 우리는 무의식적으로 지금의 삶은 고통스럽지만 이것만 견디고 나면 분명히 행복해질 것이라는 정서적 예측을 한다. 그러나 실제로는 어떤가. 동화 속 아름다운 결말과 달리 현실에서 느끼는 감정은 주체할 수 없는 행복감과는 거리가 있어 보인다.

완벽한 결승점은 없다

한 연구에서 대학교수를 대상으로 정년을 보장받은 집단과 그렇지 못한 집단이 각각 느끼는 행복도에 대해 평가해 보았다. 교수로서 정년보장 여부는 직업적인 안정성이나 명예, 연봉 등 많은 부분을 결정하는 매우 중요한 요인이다. 그래서 정년보장은 많은 교수에게 무척이나 절실한 목표다. 그런데 결과는 놀라웠다. 막상 비교해보니 두 집단의 행복도가 크게 다르지 않았던 것이다!

안타까운 것은 조교수들의 답변이었다. 연구자들은 조교수들을 대상으로 나중에 정년보장이 된다면 얼마나 행복할 것 같은지 물었는데, 그들은 슬프게도 정년이 보장된 교수들이 실제로 느끼는 행복도에 비해 훨씬 더 큰 행복을 기대하고 있었다.

물론 이런 기대감이 어느 정도는 있어야 목표를 이루고 싶다는 의욕이 높아지는 것도 사실이다. 그렇다면 미래에 우리가 느낄 감정에 대해 이렇듯 잘못된 정서적 예측을 하는 행위는 어떤 면에서 문제가 되는 것일까?

이 물음에 답하기 위해 반대의 경우도 살펴보자. 미래에 느낄 긍정적인 감정이 아닌 부정적인 감정에 대해 과대평가하는 상황부터 말이다. 우리는 때때로 누군가를 실망시키는 것을 두려워하는데, 그것은 주로 타인을 실망시켰을 때 따라오는 고통스러운 감정 때문인 경우가 많다. (정당한 사유인지 여부를 떠나) 타인을 힘들게 했다는 죄책감, 그리고 그 사람이 나를 미워하거나 떠나거나 무능력한 사람이라고 평가할 것 같은 염려 때문에 고통을 느끼는 것이다. 직장에서도 생각보다 많은 사람이 이런 고민을 하곤 한다.

그런데 누군가를 실망시키는 결정을 한 이후에 느낄 고통을 실제보다 지나치게 크게 생각할수록 우리는 자기 자신을 소외시키는 행동을 하게 된다. 자신을 과도하게 희생하는 방식으로 남의 부탁을 들어주거나 억지로 타인을 기쁘게 하려고 노력할 확률이 높다. 미래에 느낄 부정적인 감정에 대한 과대평가로 인해 스스로를 착취하는 선택을 하게 되는 것이다. 그래서 미래에 내가 어떤 감정을 느낄지에 대한 예측은 바로 지금 이 순간의 결정에 아주 깊숙하게 관여한다.

그렇다면 도착오류는 현재의 결정에 어떤 식으로 개입하게 될까? 목표 달성에 대한 지나친 정서적 기대는 우리를 목표에만 집착하게 만들면서 목적에 대한 고민을 배제해 버린다. 어떤 삶을 살고 싶은지에 대한 가치관이 삶의 목적이라면 목표는 내가 얻고자 하는 성과들이다. 이를테면 취업, 합격, 승진, 학위, 내 집 마련, 식스팩, 결혼 같은 것들이 되겠다. 물론 목표를 위해 현재의 기쁨을 유예하는 일이 결코 나쁜 것만은 아니다. 소중한 것을 얻기 위해 무언가를 인내해야 하는 순간은 당연히 존재한다. 다가올 인사평가를 위해 (눈물을 머금고) 제주도 여행을 포기하는 것처럼 말이다.

그런데 내 삶의 목적과 목표가 어긋나 있는 것을 모른 채 목표만 이루면 행복할 거라고 생각한다면 어떨까? 예를 들어 흥미진진하고 도전적인 삶을 살 때 행복한 사람이 모두가 선망한다는 이유로 안정적이기만 한 직업을 갖는다면? 또는 반대로 마음의 여유와 소소한 일상이 무엇보다 중요한 사람이 고연봉이지만 분초를 다투는 다이내믹한 직업을 갖는다면? 결말은 너무나 예상 가능하다.

내 삶의 목적을 아예 모르는 경우는 더 큰 문제다. 목표 달성만을 추구하는 과정에서 목적에 대한 성찰은 자꾸만 뒤로 밀려난다. 그렇게 목표에 도달했을 때 밀려

오는 감정이 바로 허탈함이다.

거듭되는 신호탄을 무시하지 않기

앞만 보고 달려가는 분주한 상황 속에서는 누구든 허무감을 느끼기 어렵다. 그래서 허무감은 어느 정도 여유가 있을 때 경험하게 되는 감정이다. 그런데 이것을 그저 '배부른 소리'라고만 치부한다면 우리는 고유의 삶을 살아갈 절호의 기회를 놓치게 된다. 우리는 이 허무를 성장을 재촉하는 신호탄으로 받아들여야 한다.

이쯤에서 놀라운 인생의 비밀을 하나 알려주겠다. 사실 우리는 죽을 때까지 평생 성장한다! 정신분석가 캘빈 콜라루소(Calvin Colarusso)는 출생부터 죽음에 이르기까지 인간의 발달은 계속되며 아동과 성인의 발달이 기본적으로 동일하다고 말했다. 정신분석가 마거릿 말러(Margaret Mahler)는 발달 과정을 설명하면서 출생 이후부터 3세 사이에 양육자로부터의 1차 분리 개별화, 청소년기에 2차 분리 개별화가 일어난다고 했는데, 콜라루소는 여기에 더해 20~40세에 일어나는 발달을 3차 분리 개별화라고 부른다. (참고로 40~60세에는 4차, 60~80세경에는 5차 분리 개별화가 일어난다!)

3차 분리 개별화 시기의 중요한 과제는 나와 타인에 대한 감각을 발달시키는 것, 타인과 친밀한 관계를 형성하는 것, 그리고 양육자로부터 더 온전히 분리되는 것이다. 내 나이가 몇인데, 양육자와 분리되는 것이 과제라고? 어처구니없어할지도 모르지만 사실 이 시기 이전까지 양육자의 영향력에서 자유로운 이는 거의 없다. 양육자의 가치관을 그대로 받아들이고 순응했든, 받아들이지 못하고 저항했든, 이 시기의 사람들은 어떤 방식으로든 양육자의 영향 아래에서 삶의 목적과 가치관을 만들어왔다. 그러다 자신이 돌봄받던 어린 시절의 양육자와 비슷한 나이 즈음에 이르렀을 때, 즉 내가 누군가를 돌볼 수 있는 나이에 이르렀을 때 우리는 비로소 기존의 양육자와 심리적인 면에서 상호적이고 동등한 개체로 존재하게 된다. 그러면서 나만의 온전한 삶의 목적과 가치관,

정체성을 완성하게 된다. 이것은 알을 깨는 기쁨의 과정인 동시에 혼란과 두려움을 안겨주는 과정이기도 하다. 그 혼란이 바로 허무감이라는 신호탄으로 나타나는 것이다. 그래도 다행이지 않은가. 우리의 가치관이 스무 살에 짠 하고 완성되어야 하는 게 아니라는 사실이. 허무함을 느낀 그 순간부터가 진짜 시작이라는 사실이.

나를 찾기 위한 세 번째 알람이 울리고 있다. 물론 네 번째일 수도, 다섯 번째일 수도 있다. 이 알람을 부디 못 들은 척 넘기지 말고 삶의 목적을 다듬어보자. 거창할 것 없다. 나를 유심히 관찰하면서 나에 대한 사용설명서를 작성해 본다고 생각하면 된다. 나는 감각이 예민한 사람인지 아닌지, 언제 편안함을 느끼고 언제 유독 분노하는지, 타인과 함께 있을 때 주로 어떤 감정을 느끼는지 같은 질문에 답을 채워나간다고 생각하면 쉽다. 나를 잘 관찰하기 위한 열쇠는 경험이다. 취미든 일이든 만남이든 계속 쌓아가고 움직이고 생각하고 느끼며 시행착오를 경험하는 것.(책을 통한 간접경험도 좋다!) 내 삶의 목적이 무엇인지는 오직 나만이 알아낼 수 있다.

결승점인 줄로만 알았던 무언가를 통과한 뒤에 비로소 찾아오는 이 뜻깊은 허무가 평생에 걸쳐 이루어질 당신의 성장을 알리는 경쾌한 신호탄이 되기를 바란다.

사소한 일에도 터져버리는
시한폭탄

———————————————— ✳ 분노

◖◗

출근길 지옥철이다. 역을 하나하나 지날 때마다 사람들이 많아지더니 오늘도 역시 산소가 부족하다. 겨우겨우 환승역에 도착해 내리려는데, 문이 열리자마자 사람들이 내리기도 전에 어떻게든 타려고 꾸역꾸역 들어온다.

'아니, 저 여기서 내려야 한다고요!'

1차로 화가 치민다. 겨우 지하철에서 빠져나와 걸어

가는데, 이번엔 마주 오는 사람들과 자꾸 어깨가 부딪힌다.

'근데 왜 앞을 똑바로 안 보고 휴대폰만 쳐다보면서 가지? 그리고 부딪쳤으면 미안한 시늉이라도 해야 하는 거 아니야?'

2차로 화가 치민다. 드디어 도착이다. 9시까지 5분 남았다. 서둘러 역을 빠져나왔는데, 하늘에서 떨어지는 저건 뭐지? 비인가? 아니야 그럴 리가 없어….
세상이 나를 화나게 하는 건지, 내가 사소한 일에도 분노하는 건지 모르겠다. 내 안에서 자꾸 치밀어 오르는 이 불길을 어떻게 하면 잠재울 수 있을까?

한때 '한국인의 4대 문장 시작 요소'라는 유머가 유행한 적이 있다. 한국인이면 '아니, 근데, 진짜, 솔직히'를 쓰지 않고서는 문장을 시작할 수 없다는 내용이었다. 많은 사람이 공감한 이 유머 속 단어들은 우리의 대화 속에 늘 자연스럽게 존재한다. 그런데 이 네 단어가 특히 많이 쓰이는 때가 있다. 바로 도무지 납득할 수 없는 일을 겪을 때다.

그런 상황에서는 어김없이 이 단어들이 튀어나온다. 그리고 이어 등장하는 단어가 바로 '어떻게'이다. "아니, 팀장이라는 사람이 대체 어떻게 이럴 수가 있지?" 숨 쉬듯 익숙한 예문일 것이다. 질문의 형식이긴 하지만 진짜 질문이라기보다는 감정의 표출을 위한 문장이다. '아니'에서 시작해서 '어떻게'로 이어지는 이 문장 속 감정은 한마디로 '분노'다. 의문을 가장한 분노가 솟아오르고 있는 것이다.

사실 분노는 아주 자연스러운 감정이다. 무언가 단단히 잘못되었다는 것을 알려주는 중요한 마음속 신호다. 만약 억울한 상황에서도 화가 전혀 나지 않고 평온하다면 우리는 스스로를 제대로 지킬 수 없을 것이다. 그러나 이 분노를 지나치게 자주, 오래, 강도 높게 느낀다면 무언가 대책이 필요하다. 지나친 분노는 도리어 우리를 제대로 지켜주지 못하고, 더 나아가 스스로를 해칠 수도 있기 때문이다.

비슷한 경험을 해도 더 큰 분노를 느끼는 사람들이 있다. 이런 차이가 만들어지는 이유는 뭘까? 자세한 내막을 설명하기 전에 당신의 분노는 어떤 성격인지부터 알아보자. 아래 두 가지 생각 중 당신이 해당되는 설명은 무엇인지 골라보자.

① 지하철에 타고 있던 사람들이 내리기 전에 기다리던 사람들이 타는 일은 존재할 수 없다.

② 지하철에 타고 있던 사람들이 내리고 난 후에 기다리던 사람들이 타면 좋겠다.

첫 번째는 타인과 세상에 대한 믿음(세계관)이고 두 번째는 타인과 세상을 향한 소망이다. 물론 둘 중 어떤 것이 좌절되어도 우리는 분노를 느낀다. 그러나 소망이 깨질 때와 달리 세계관이 깨질 때 더 큰 분노를 느낄 수밖에 없다. 무언가를 소망한다는 것은 그 소망이 이루어지지 못할 수도 있음을 이미 인정하고 있는 것이기 때문이다. 그러나 세계관을 벗어나는 일은 대개는 예상 밖이다. 세계관이 공고한 사람은 그래서 예상 밖의 일이 벌어질 때마다 세상이 잠시나마 무너지는 경험을 하게 된다. 그래서 대체 '어떻게' 이런 일이 있을 수 있냐며 '이해할 수 없다'고 말하는 것이다. 단순히 소망이 배신당한 것이라면 눈앞에서 벌어지는 일이 속상할 수는 있으나 이를 전혀 이해하지 못할 이유는 없다.

분노의 직전 감정이 대부분 '위협감'임을 기억한다면 세계관이 무너질 때 왜 그토록 분노하게 되는지를 이해하는 데 도움이 될 것이다. 지하철에서 내리려는 나를 투명인간 취급하며 밀고 들어오는 익명의 타인들, 업무 보고 내용을 이해하지 못해 일을 망쳤으면서 도리어 내게 책임을 뒤집어씌우는 팀장은 세상이 예상한 대로 흘러가리라는 우리의 기대를 여지없이 무너뜨린다. 예상을 벗어나는 일은 곧 위협이다. 그리고 우리의 보호 본능은 우리를 위협하는 존재에 대한 분노로 자연스럽게 귀결된다.

그래서 분노를 제대로 다루기 위해서는 세계관이 좌절되면서 느꼈을 위협감을 먼저 다루어야 한다. 그런 뒤

최종적으로는 세계관의 좌절로부터 소망의 좌절로 나아가야 한다. 그래야 위협감의 크기가 줄어들고 따라서 분노의 크기도 줄어들 수 있다.

분노에는 자격이 필요 없다

그렇다면 이미 분노를 느껴버린 상황에서는 대체 어떻게 해야 감정을 조절할 수 있을까? 가장 중요한 것은 내가 지금 화가 났다는 사실을 최대한 빨리 알아차리는 일이다. 사람들은 화가 났을 때 보통 '이게 지금 화날 일이 맞나?'라는 생각으로 빠져들면서 분노의 정당성을 검토한다. 그러느라 정작 내가 화가 났다는 사실 자체를 충분히 알아차리지 못해 분노를 조절할 수 있는 적절한 타이밍을 놓치게 된다. 그러나 분노의 감정에는 허락이 필요하지 않다는 것을 기억하자. 분노의 순간 가장 확실한 하나의 사실은 지금 내가 뭔가 언짢고 화가 난다는 것, 그것뿐이다. 우리의 목표는 분노를 재빨리 받아들여 최대한 나를 잘 보호하는 방향으로 활용하거나 조절하는 것이다. 내 몸이 보내는 즉각적인 신호는 나의 분노를 알아차릴 수 있는 가장 유용한 단서다. 얼굴이 화끈거리거나 몸이 딱딱해지고 가슴이 두근거리면서 호흡이 가빠지고, 목소리가 떨리거나 침이 꿀꺽 넘어간다면 그건 내가 지금 화가 났다는 강력하고도 확실한 신호다.

여기까지 파악이 됐다면 무조건 단 1분이라도 시간을 벌자. 30초도 좋다. 화가 난 바로 그 순간 상대의 말을 화려하게 받아치거나 제대로 된 한 방을 먹일 수 있는 사람은 없다. 그러니 드라마의 한 장면처럼 멋지게 대처하지 못했다고 자책하지 말자. 충동적으로 행동하는 것보다는 차라리 아무것도 하지 않는 쪽이 더 나을 때가 많다. 무언가를 꼭 해야 한다면 나중에 해도 늦지 않다. 시간이 흐른 뒤에도 여전히 무언가 행동하고 싶은 생각이 든다면 그때 하는 것을 추천한다.

시간을 버는 방법은 마음이 평온할 때 미리 생각해 두자. 달달한 과자를 먹거나 좋아하는 연예인의 사진을 보거나 화장실에 가서 손을 씻고 오는 것도 좋다. 가장 효과적이면서도 단순한 방법은 숨을 천천히 크게 쉬는 것이다. 혈압, 맥박, 체온, 호흡 중 우리가 의식적으로 조절할 수 있는 유일한 생체 신호인 호흡을 천천히 함으로써 몸 전체에 '이제 진정해도 괜찮다'라는 메시지를 줄 수 있다.

"이것 또한 다 지나가리라", "지나가는 행인 1이 또 주인공을 괴롭히네", "내 인생에서 그다지 가치 있지 않은 사람 때문에 나의 우아함을 잃을 필요는 없지"처럼 화가 났을 때 바로 떠올릴 만한 한마디를 평소에 생각해 놓는 것도 좋다.

그럴 수도 있다는 걸 인정하기

이쯤에서 이번에는 화가 나는 상황 자체를 어떻게 다룰지에 대해 고민해 보자. 우리는 나 자신을 잘 보호할 만한 수단을 마른걸레 쥐어짜듯 최대한 강구해야 한다. 출근길 지옥철을 벗어나기 위해서 출근 시간이나 교통

수단을 바꿀 수 있는 게 아니라면(이것도 너무 빠르게 포기하지 말고 최대한 방법을 찾아보자) 익명의 무례하고 무심한 타인들 속에 계속 놓여야 하는 나 자신을 필사적으로 위로하고 달래야 한다. 이어폰을 껴서 심리적인 공간을 확보하거나 무사히 출근한 후 마실 커피 한 잔이나 달콤한 초콜릿을 떠올려도 좋다. 물론 지옥철은 쉽지 않겠지만 다양한 고민을 해보는 시도 자체가 분명 긍정적인 영향을 줄 것이다.

마지막으로, 나의 분노가 앞에서 말했던 세계관의 붕괴에서 오는 것일지도 모른다는 데 동의한다면 세계관을 수정해 보자. 예를 들면 이렇게 말이다.

'지하철에 타고 있던 사람들이 내리기 전에 기다리던 사람들이 타는 일이 벌어질 수도 있다.'

무례함에, 이기심에, 무심함에 무력하게 굴복하라는 뜻이 아니다. 다만 나를 화나게 만드는 일들이 이 세상에서 '절대' 일어날 수 없는 일은 아니라는 사실을 받아들이라는 뜻이다. 그래야만 세상이 무너지는 듯한 충격으로부터 나를 잘 지켜낼 수 있다. 분노 속에 감춰진 나의 세계관과 소망을 알아챈다면, 그러면서 계속해서 세계관은 수정하되 소망은 간직한 채로 나아간다면 분명 언젠가 '분노는 나의 힘'이 되어줄 것이다.

나는 그저 하나의
톱니바퀴일 뿐인가요?

───────────────────────────── ✳ 번아웃

● ▬ ●

번아웃 관련 기사 속 체크리스트를 보던 중 눈길이
멈춘다.

☐ 아침에 일어나서 출근할 생각만 하면 답답하고 불
  안하다.

☐ 하는 일은 많은데 정작 일에 대한 관심이나 흥미
  는 없다.

☐ 일하면서 보람이나 성취감을 느끼는 경우가 거의 없다.

☐ 퇴근 후나 주말에는 완전히 지쳐서 다른 활동은 거의 못 하고 쉬거나 잠만 잔다.

☐ 동료나 고객을 대할 때 지겹고 화가 나는 느낌이 많이 든다.

뭐야… 이거 완전히 나잖아! 출근하기 싫고 의욕 없이 기계적으로 일하고, 그렇다고 엄청나게 눈물 나는 것까진 아니고, 그런데 표정관리는 안 되고, 그냥 아무것도 안 하고 싶고, 동료가 말만 걸어도 짜증 나고, 열심히 해봤자 제대로 된 보상도 없고, 때려치워야 하나 이직해야 하나 오만 생각을 하다가 다시 출근하고….

◗◖

"안녕히 계세요 여러분~ 저는 이 세상의 모든 굴레와 속박을 벗어던지고 제 행복을 찾아 떠납니다~" 한때 퇴사짤로 많이 공유되었던 애니메이션 이미지 속 인물의 대사다. 그토록 벗어던지고 싶은 굴레와 속박, 이것은 다른 말로 하면 다름 아닌 번아웃이겠다. 요즘 번아웃이라는 단어를 접해보지 않은 사람은 거의 없겠지만 이 말의 실체가 무엇인지에 대해서는 각자 아는 바가 조금씩다를 것이다. 익숙하지만 여전히 알쏭달쏭한 번아웃은 대체 정체가 뭘까?

나는 번아웃일까?

1974년 심리학자 허버트 프로이덴베르거(Herbert Freudenberger)는 자신이 일하고 있던 뉴욕시의 무료 클리닉에서 자신을 포함한(!) 직원들 사이에 공통적인 현상이 나타나고 있음을 발견했다. 절박한 처지의 많은 사람이 그들의 도움을 구했고 그 요청에 늘 응해야 했던 그들은 점차 자신들의 능력을 의심하기 시작했다. 그러다가 심한 피로감과 두통, 위장 장애 등을 달고 살게 되었다. 거기에 더해 점차 일에 대한 동기를 잃어가며 정서적으로 고갈되었다고 느꼈다. 무엇보다 두드러졌던 건 냉소주의였다. 이상주의적이고 의욕적이었던 그들은 어느새 환자들과 진료소에 분개하는 냉소주의자가 되어 있었다(많은 이들이 어쩌면 이 대목에서 크게 공감할 것 같다). 프로이덴베르거는 이 현상을 정의하기 위해 처음으로 '번아웃(burnout)'이라는 단어를 사용했다. 그리고 시간이 흘러 현재 번아웃은 의학적인 질병으로 분류되지는 않았으나 세계보건기구(WHO)에 '직업적인 맥락에서 발생할 수 있는 현상'으로 정식 등록되어 있다.

번아웃과 관련한 가장 중요한 연구자인 크리스티나 매슬랙(Christina Maslach)은 번아웃의 세 가지 핵심 요소가 정서적 탈진, 냉소주의, 성취감 저하라고 했다. 심리적인 여유가 없어지고 피로와 부담감을 심하게 느끼는 상태인지(정서적 탈진), 타인에게 연민을 잘 느끼지 못하고 시니컬해졌는지(냉소주의), 스스로 뭔가를 이루었다는 뿌듯함이 결여되어 있는지(성취감 저하)가 제일 중요한 기준이라고 본 것이다. 이 세 가지 기준으로 살펴보면 우리가 어떤 상태인지 파악하는 데 도움이 된다.

정서적 탈진이나 성취감 저하는 직관적으로 이해하기 어렵지 않아 보인다. 그런데 냉소주의는 구체적으로 뭘 의미하는 걸까? 냉소주의란 타인에게 공감이나 연민 대신 가소로움, 짜증, 적대감을 느끼게 되는 것을 말한다. 자신과 타인을 통합된 인격체가 아닌 특정한 목적만을 위해 존재하는 도구처럼 여기게 되는 태도도 냉소주의다. '회사에서 성장은 무슨… 내 주제에 개뿔. 난 그냥 돈 버는 기계지'라는 식으로 자신을 사람이 아닌 도구로 비하하는 생각을 습관적으로 한다면, 냉소주의에 몸을 푹 담그고 있는 상태라고 할 수 있다.

번아웃이 우리에게 남기는 것

번아웃에 대한 또 다른 중요한 사실 하나는 이것이 전염될 수 있다는 점이다. 고등학교 교사들을 대상으로 한 연구를 하나 살펴보자. 연구자들은 선생님들을 두 집단으로 나누었다. 그러고는 A 집단에게는 자신의 일에 대해 부정적인 이야기를 하는 교사의 인터뷰를 보게 하고 B 집단에게는 학교와는 무관한 주제의 부정적인 이야기를 하는 교사의 인터뷰를 보게 했다. 이후 두 집단의 번아웃 정도를 비교해 보았다. 그 결과, 놀랍게도 연구진은 A 집단이 훨씬 높은 수준의 번아웃을 경험했다는 사실을 알 수 있었다.

연구자들은 이 결과를 '사회적 비교이론'으로 설명한다. 사람들은 타인의 반응을 통해 어떤 주제에 대한 자신의 태도를 정하고 감정의 불확실성을 줄이려는 경향이 있다는 것이다. 그래서 비슷한 일을 하는 교사가 본인의 일에 대해 부정적인 태도를 보인 경우, 이 의견을 그대로 수용하게 되는 것이다.

평소 스스로의 일에 대해, 회사의 시스템에 대해 습관처럼 불평불만을 늘어놓는 동료와 함께 있거나 회사 생활에 대해 불만을 토로하는 SNS 글을 자주 접하고 있지는 않은지 점검해 보자. 같은 처지에 놓인 이들의 고백이 때로는 사이다처럼 속시원할 수도, 따뜻한 위로가 될 수도 있겠지만 어떤 때는 그들의 번아웃까지 내 것처럼 떠안게 될 수 있으니 주의해야 한다.

그렇다면 번아웃은 우리에게 무엇을 남길까? 확실한 것 하나는 번아웃 상태에 계속 놓이는 경우 점차 부정적인 자극에 대한 감정을 조절하기 어려워진다는 사실이다. 스웨덴에서 진행된 한 실험을 살펴보자. 연구자들은 번아웃을 겪고 있는 집단과 그렇지 않은 집단에 갑작스러운 폭발음을 들려주는 식의 스트레스 자극을 주었다. 그리고 뺨에 붙인 전극을 통해 그들의 반응을 측정하면서 두 집단이 어떤 모습을 보이는지를 관찰했다. 두 집단 모두 (당연히) 자극에 대한 부정적인 감정반응을 보였다. 차이가 있다면 번아웃 집단은 다른 집단에 비해 부정적인 감정을 낮추는 작업에서 훨씬 큰 어려움을 겪었다는 점이다.

다른 날 촬영한 뇌 영상에서도 두 집단은 두려움과 공격성을 관장하는 편도체에서 의미 있는 차이를 보였다. 번아웃 집단은 상대적으로 편도체가 확대되어 있었고 편도체 활동을 조절하는 뇌 부위와의 연결성도 약했다. 번아웃을 겪으면 겪을수록 스트레스로 인한 고통을 달래는 일이 상대적으로 더 어려워지는 악순환에 처한다는 뜻이다. 혹시나 '뇌신경에도 변화가 온다니 나는 이미 망했군'이라고 생각하지는 않기를 바란다. 번아웃으로 인한 뇌신경학적 변화는 영구적이지 않으며 스트레스가 잘 조절되면 충분히 회복될 수 있기 때문이다. 그러므로 내가 번아웃이라고 생각된다면 '이러다 말겠지'라고 생각하기보다는 이제부터라도 나를 어떻게 돌볼지 고민할 필요가 있다.

차가운 이성으로 생각해 보기

번아웃으로부터 나를 돌보기 위해서는 (다소 아이러니하겠지만) 섣부른 퇴사나 이직을 하지 말아야 한다. 지쳐 있을수록 나에게 유리한 판단을 하기가 어렵기 때문이다. 퇴사짤은 우리에게 시원함을 주지만 실제로 나의 퇴사는 그렇게 시원스럽지 않을 수 있다. 심지어 '여기만 아니면 돼!'라는 마음으로 급하게 결정한 이직이 자칫 더 큰 스트레스로 돌아올 수 있다. 우리가 해야 할 첫 번째 일은 중요한 결정을 일단 미루고 숨을 고르는 것이다.

그리고 숨을 고르는 동안에 지금의 회사를 제대로 다시 평가해 볼 필요가 있다. 번아웃은 특히나 개인을 둘러싼 환경이 절대적인 영향을 준다. 그래서 우리는 매의 눈으로 내가 일하고 있는 환경을 검토해 보면서 정말 어딜 가도 이 환경이 바뀔 수는 없는 것인지, 아니면 다른 어딘가가 지금보다는 나을 수 있는 것인지를 냉정히 따져볼 필요가 있다. 여기, 재평가를 위한 판단 기준이 될 만한 매슬랙의 여섯 가지 질문이 있다.

① 지금 내 업무량이 적절하다고 생각하는가?

② 일과 관련해 나 스스로 재량을 발휘할 수 있는 부분이 있는가?

③ 적절한 보상이 주어지는가?

④ 함께 일하는 사람들과의 관계가 만족스러운가?

⑤ 내가 속한 일터의 방침이 공정하다고 느끼는가?

⑥ 내가 하는 일이 가치 있다고 느껴지는가? 나의 가치관과
   부합하는가?

대충 훑어보고 바로 판단하지는 않기를 권한다. 그
랬다가는 자칫 모든 항목에 '아니오'라는 대답을 해버릴
가능성이 크기 때문이다. 하나하나 최대한 신중하게 살
펴보고 생각해 보자. 이전에 일했던 직장이 제일 좋은 비
교 대상이 될 수 있다. 다른 부서나 회사에 대한 정보를
최대한 집요하게 살펴보는 것도 좋다. 그러다 보면 어떤
면에서는 어쩔 수 없는 현실을 인식하고 지금 여기서 더
잘 지낼 방법을 고민해 보기로, 어떤 면에서는 지금의 고
통이 다른 곳에서는 없을 수 있다는 것을 인식하고 퇴사
나 이직을 준비해 보기로 결정할 수 있을 것이다. 어떤
쪽이든 도움이 될 것이다. 번아웃에 빠졌다면 '여기만 아
니면 돼'와 '어딜 가도 마찬가지겠지'의 극단적 생각만
이 오가고 있을 가능성이 크기 때문이다. 그렇기 때문에
이런 구체적인 재평가 작업은 반드시 필요하다.

여기까지 했다면 이제 내가 삶에서 중요하게 생각하

는 가치를 적어볼 차례다. 일단은 생각나는 대로 두서없이 이것저것 쭉 적어보고 마지막에는 다섯 개를 넘지 않는 정도로 줄여보자.

① 건강하게 오래 살기(유병장수가 되지 않도록 노력하기)

② 소중히 여기는 사람들과 주기적으로 좋은 시간 보내기

③ 내 커리어에서 좋은 성취 해내기

④ 여유로운 삶을 위해 일정 수준 이상의 돈 모으기

⑤ 삶의 동반자 같은 취미 만들기

이렇게 써보는 것만으로도 삶을 좀 더 넓은 시야에서 바라볼 수 있다. 내가 그동안 어떤 가치에 지나치게 치우쳐 있었고 어떤 가치에는 눈길을 주지 못했는지를 파악하게 될 것이다. 이제 이 가치들의 기울어진 균형을 회복하기 위한 시도를 해보자. 어떤 시도를 해볼지 떠올리는 것만으로도 우리는 지긋지긋한 냉소주의로부터 한 발짝이나마 거리를 둘 수 있다.

철학자 리처드 건더먼(Richard Gunderman)은 '수백

수천 개의 작은 실망이 누적되는 것이 번아웃의 시작'
이라고 말했다. 일하면서 겪어온 작은 실망들의 누적이
번아웃을 만들었다면 반대로 나 자신을 돌보기 위한 작
은 시도들의 누적은 그 번아웃을 결국 녹여낼 수 있을
것이다.

회사에서 쓰고 있는 가면이
너무 갑갑할 때

아래 두 개의 설명을 듣고 둘 중 어느 것이 진짜 A 씨
인지 맞혀보자.

① 회사에서의 A 씨는 인싸 중에 인싸로 통한다. 늘
   주변 사람들에게 뭐 힘든 건 없는지 어려운 일은
   없는지 스윗하게 묻는다. A 씨와 함께하는 자리는
   항상 시끌시끌하다. 동료가 잘되면 달려가서 축하

해 주고 궂은일은 도맡아 하는 편이다. 짜증 한 번 내지 않는 천사가 바로 여기 있다!

② A 씨는 신경질적이고 예민하다. 말만 걸면 짜증스럽게 대꾸하고 표정도 한껏 구겨져 있다. 집에 돌아오면 텐션이 땅굴을 파고 들어갈 정도로 다운돼서 우울한 표정으로 인스타그램 피드만 뒤적거리는 게 A 씨의 주된 일상이다. 다섯 살 터울의 형제는 A 씨를 '못돼먹은 동생'이라고 부르곤 한다.

자, 이제 답해보자. 둘 중 진짜 A 씨는 누구일까?

'본캐'와 '부캐'라는 표현에 익숙해진 지도 꽤 오래된 것 같다. 사실 이 말이 익숙해지기 훨씬 전부터 우리는 모두 심리적인 '본캐'를 지닌 상태에서 수많은 '부캐'를 거느리고 살아왔다. 오랫동안 많은 학자가 이런 현상에 저마다 나름의 용어를 붙여 왔다. 혹시 '페르소나(persona)'라는 말을 들어본 적이 있는가? 고대 그리스에서는 무대에서 배우들이 지금과는 달리 가면을 쓰고 연기했다고 한다. 한 사람이 여러 배역을 담당할 때도 인물을 구분하기 편하도록 가면을 썼는데, 이 가면의 이름이 바로 페르소나다. 정신분석학자 카를 구스타브 융(Carl Gustav Jung)은 우리가 외부세계와 접촉할 때 드러나는 외적인 인격을 이 페르소나로 설명했다. 사실 페르소나는 정상적인 심리 발달의 결과이며 나와 외부세계 사이에서 맺어지는 타협점이다. 그래서 페르소나는 우리를 보호해 주는 역할을 하지만 우리는 자주 가면을 나쁜 것처럼 여긴다. 가면은 가식, 기만, 겉과 속이 다름 같이 부정적으로 묘사되곤 한다. 그러나 과연 그럴까? 가면은 정말 나쁜 것일까?

두 개의 나

가면에 대해 이야기한 또 다른 정신분석학자로는 도널드 위니콧(Donald Winnicott)이 있다. 위니콧은 우리가 태어나 발달하는 과정에서 '참자기(true self)'와 '거짓자기(false self)'라는 자기 개념이 만들어진다고 말했다. 거짓자기는 양육자를 비롯해 아이를 둘러싸고 있는 환경으로부터 아이가 느끼는 기대나 요구에서 발달한다. 나의 진짜 생각이나 감정, 신념과 일치하지 않는 것들의 집합체라고도 할 수 있다.

거짓자기라는 표현에 거부감을 느끼는 사람도 있을 수 있겠지만 거짓자기는 '적응된 자기(adapted self)'라고도 불린다는 점을 떠올려 보자. 우리가 다른 사람과 잘 어울리기 위해 발달시킨 존재가 바로 거짓자기인 것이다. 위니콧은 정중하고 매너 있는 사회적 태도를 가능하게 하는 것이 거짓자기라고 했다. 거짓자기는 우리가 타인과 더 수월하게 지낼 수 있도록 해준다. 진짜 나를 날것 그대로 불쑥 드러냈을 때 상대는 당황스러울 수 있기 때문이다. 우리가 속옷 바람으로 회사에 출근하면서 일에 대한 나의 진심을 왜 알아주지 않느냐고 말한다면 아마 모두가 무척이나 난감해할 것이다.

거짓자기는 나의 정체성 확립에 도움이 되기도 한

다. 일종의 '정체성 놀이'인 셈이다. 각자 지난날을 한번 돌이켜 보자. 어릴 때 친구가 멋있어 보여서 또는 연예인에 반해서 그 사람의 말투나 글씨체를 괜히 흉내 내거나 그의 취향을 따라 하거나 그가 가진 물건을 덩달아 사본 경험이 있을 것이다. 그중 어떤 취향은 세월이 흘러 기원이 누구였는지도 모른 채 나의 정체성이 되었을 것이고 어떤 습관은 어느새 흔적도 없이 사라져 버렸을 것이다. 대체로 어린 시절에 많이 일어나는 일이지만 성인이 되어도 비슷한 일들은 일어난다. 우리는 카리스마 있는 상사, 말을 예쁘게 하는 친구, 고상한 취향을 가진 동료를 닮고 싶은 마음에 그들을 남몰래 따라 할 때가 있다. 어떤 것은 내 정체성이 되고 어떤 것은 휘발돼 버린다. 거짓자기로 끊임없이 영향을 주고받는 과정을 통해 우리는 고유한 정체성을 가진 사람이 되는 것이다.

거짓자기는 우리가 성장하는 데 도움을 주기도 한다. 처음에는 그저 가식적인 가면이었겠지만 점점 우리가 가면에 걸맞게 변화하는 것이다. 기업인이자 요리연구가인 백종원은 한 인터뷰에서 이렇게 말하기도 했다.

"처음에는 착한 척이었지만 칭찬을 받다 보니 삶이 되더라고요." 이처럼 거짓자기도 결국 나의 일부인 것이다.

우리에게 가면이 버거운 이유

그렇다면 거짓자기는 언제 문제가 되는 걸까? 가장 큰 문제는 나의 참자기가 무엇인지 모를 때 발생한다. 가벼운 예를 들어보자. 동료가 점심으로 김치찌개를 먹자고 했는데 나는 사실 매운 음식이 당기지도 않고 먹으면 배탈이 나는 사람이다. 문제는 내가 나의 이런 입맛과 체질을 모를 때 발생한다. 아무 생각 없이 동료를 따라가서는 그다지 만족스럽지 않은 점심을 먹고 오후에는 배탈까지 나서 화장실을 들락거리게 되는 것이다. 내가 무엇을 못 견디고 무엇을 잘 견디는지, 무엇을 좋아하고 무엇을 싫어하는지, 어떤 때 편안하고 어떤 때 불편한지 모를수록 참자기는 계속해서 상처를 입게 된다.

나의 참자기를 통째로 다 나쁘거나 부끄럽다고 여기

는 경우도 문제다. 나의 입맛과 체질을 유난스러운 것으로 단정한 뒤 이를 필사적으로 숨기는 것 외에 다른 옵션은 없다고 생각하는 것이다. 그래서 김치찌개가 맛도 없고 속도 불편하게 한다는 것을 알면서도 숨긴 채 웃으며 따라가 먹고는 후유증으로 괴로워하는 것이다. 나의 참자기를 무조건 나쁘다고만 여긴다면 이러한 상황에서 스스로를 보호하기가 어렵다.

버림받는 것에 대한 두려움이나 인정욕구가 너무 큰 경우에도 참자기를 지나치게 억누를 수 있다. 혼자 튀는 행동을 했을 때의 결과를 재난과 같은 것으로 예상한다면 굳이 안 그래도 되는 상황에서조차 '울며 김치찌개 먹기'를 하게 되는 것이다.

가면의 두께 조절이 안 되는 경우도 있다. 면접을 볼 때나 중요한 의전을 해야 할 때처럼 유독 두꺼운 가면을 써야 할 때는 분명히 있다. 그러나 친밀한 사람과 있을 때는 얇은 가면만으로도 충분히 안전하다는 느낌을 받을 수 있어야 하는데, 그러한 구분 없이 늘 두꺼운 가면을 써야 하는 삶이라면 곤란하다.

마지막으로 거짓자기와 참자기를 동일시하여 거짓자기가 참자기라고 믿게 된다면 그것은 큰일이다. 우리는 누군가의 자녀, 옆 팀의 김 대리, ○○학교 졸업생, ○○아파트 주민 등 수많은 가면을 바꿔 쓰며 살아간다. 모든 가면에는 내가 스며들어 있지만 그중 어떤 것도 완벽히 나 자신일 수는 없다. 각각의 가면은 우리의 일부일 뿐이다. 그런데 어느 가면 하나가 곧 나 자신이라고 믿게 된다면 심리적으로 경직되고 공허한 삶을 살게 될뿐더러 그 가면에 상처가 났을 때 쉽게 무너지게 된다. 예를 들어 대기업을 다니면서 회사에서의 나만이 진짜 나라고 생각한다면 세상을 유연하게 살아가고 참자기를 가꾸는 데 어려움이 생길 수 있고, 그 직장을 떠나게 됐을 때 나를 통째로 잃어버린 느낌이 들 수도 있다.

가면을 어떻게 쓸 것인가

우리가 거짓자기에 완전히 잡아먹히지 않으면서 거

짓자기와 더불어 잘 지낼 방법은 무엇일까? 간단하다. 위에서 말한 다섯 가지 문제를 반대로만 공략하면 된다. 이번에는 마지막 문제부터 순서대로 다시 얘기해 보자.

먼저 내가 가진 다양한 거짓자기는 나의 일부일 수는 있으나 전부는 아님을 반드시 기억하자. 출신 학교나 직장을 비롯한 나의 무언가가 만족스럽지 않다고 해서 나의 참자기마저 위태로워지는 것은 절대 아니다.

내가 얇고 가벼운 가면을 쓸 수 있는 존재를 반드시 곁에 두는 것도 좋은 방법이다. 친밀도를 기준으로 관계의 동심원을 그려 보고 가운데에 나를 놓아보자. 그런 다음 중심에서부터 가깝다고 느껴지는 이들과 있을 때는 좀 더 얇은 가면을 써보자(물론 가면이 얇은 것은 무례한 것과 다르다). 예를 들어 지금까지 친구의 김치찌개 제안을 거절해 본 적이 없다면 이제부터는 다른 메뉴를 제안해 보는 것이다(혹시나 해서 말하지만 나는 김치찌개에 아무런 원한이 없으며 무척 좋아한다).

그리고 계약 관계나 이해관계 등도 떠올려 보면서 그동안 내가 지나치게 두꺼운 가면을 쓰고 있었던 건 아닌지 살펴보자. 가장 먼저 생각나는 곳이 바로 직장일 것이다. 모든 면에서 솔직해지라는 건 아니다. 다만 직장에서 매순간 똑같이 두꺼운 가면을 쓰고 있을 필요는 없다. 점심 메뉴쯤은 내 뜻대로 골라봐도 좋지 않을까?

그다음 중요한 것은 나의 참자기가 무조건 별로라거나 사람들이 좋아하지 않을 만한 것이라는 생각으로부터 멀어지려 노력하는 일이다. 그래야 우리는 드러나도 되는 참자기를 들키면 큰일이라도 날 것처럼 힘겹게 감추는 행위를 멈출 수 있다. 내가 김치찌개를 먹고 싶지 않다고 해서 재판이 열린다거나 조리돌림을 당하는 일은 일어나지 않는다. 오늘은 김치찌개를 먹고 싶지 않다는 당신의 참자기에 사람들은 그리 크게 신경 쓰지 않을 것이다(다시 말하지만 난 김치찌개를 무척이나 좋아한다).

마지막으로 나의 취향과 가치관, 신념, 감정을 살펴보고 나의 참자기가 어떻게 생겼는지를 들여다보자. 무엇에 민감하고 무엇에 둔감한지, 무엇은 잘 참고 무엇은 잘 못 참는지… 나의 참자기를 분명하게 알고 있을수록 거짓자기도 더 잘 다룰 수 있다.

이제 글을 시작하며 했던 질문의 답을 알아보자. 많은 사람이 집에서의 A 씨가 진짜라고 생각했을 테지만 둘 중 완벽한 진짜는 없다. 타인과 관계를 맺는 모든 순간에 우리는 가면을 쓰기 때문이다. 가면을 쓰는 일은 피할 수 없고 심지어 필요하다. 우리가 할 수 있는 일은 어떤 가면을 어떻게 쓸지 결정하는 것이다. 그것을 결정할 권리와 의무는 오로지 나에게 있다는 사실을 기억하자.

내가 형편없다는 사실이 들통날까 겁나는 사람들에게

———————————— ✳ 임포스터 현상

◖▮◗

드디어 그동안 꿈꿔왔던 회사로 이직에 성공한 당신. 업계 1, 2위를 다투는 회사로 이직한 것도 모자라 연봉이 두 배 가까이 뛰었고 나를 찾아오는 클라이언트의 수도 확연히 늘어났다. 가족, 친구들의 축하 연락을 받던 당신은 이때 무슨 생각을 할까?

① 아무리 생각해도 이상해. 치열한 경쟁률을 뚫고

내가 뽑힌 이유가 뭘까? 분명히 뭔가 다른 음모가
있는 거야. 세상이 나를 두고 몰래카메라를 찍나?

② 역시 그럴 줄 알았어. 나를 안 뽑으면 누굴 뽑아?
연봉을 두 배로 올려준 것도 내 능력을 알아봤다
면 마땅하지. 아주 기분이 날아갈 것 같아!

두 번째 답을 골랐다면 당신의 자신감에 박수를 보
낸다. 그러나 안타깝게도 사회적 성취를 많이 이룬 사람
들일수록 그 답은 첫 번째 쪽에 가까워질 것이다.

"사람들은 대체 왜 나를 영화에서 보고 싶어 하지?
그리고 나는 연기도 할 줄 모르면서 여기서 뭐하고 있는
거지?"

한 배우가 인터뷰에서 했던 말이다. 그는 스스로를
연기할 자격이 없는 사람이라고 생각하는 듯했다. 놀랍
게도 이 발언의 주인공은 미국 아카데미상에 21번이나
후보로 지명되어 최다 노미네이트 기록을 보유하고 있
으며 총 세 차례 수상한 배우 메릴 스트립(Meryl Streep)

이다. 그와 비슷한 생각을 했던 유명인들은 손에 꼽을 수 없을 정도로 많다. 엠마 왓슨(Emma Watson), 나탈리 포트만(Natalie Portman), 알버트 아인슈타인(Albert Einstein)에 이르기까지 자기 분야에서 인정받는 '끝판왕'들이 그래왔다. 그들은 마치 세상이 자신을 속이고 있는 것만 같은 기분이라고 고백했다.

물론 유명인이 아닌 우리도 마찬가지다. 2020년 미국의 실리콘밸리에서 근무하는 직장인을 대상으로 한 설문조사에서는 무려 62퍼센트가 자신이 유능하지 않다는 사실을 동료들이 알게 될까 봐 두렵다고 답했다. 이 많은 사람들은 무엇이 그토록 불안한 걸까?

사기꾼 증후군

1978년 미국 조지아주립대학교의 폴린 클랜스(Pauline Clance)와 수잔 아임스(Suzanne Imes)는 이들이 공통적으로 겪는 현상에 대해 처음으로 설명했다. 둘은 사업, 의료, 법률 등 각 분야에서 뛰어난 성취를 거둔 여성 150여 명과 5년에 걸쳐 인터뷰를 진행했는데 그들 중 대다수는 높은 성과에도 불구하고 스스로가 사실은 그리 능력 있는 사람이 아니며 다른 사람들을 속이고 있는 것만 같다고 고백했다! 클랜스와 아임스는 여기에 '임포스터 현상(imposter phenomenon)'이라는 이름을 붙였다. 우리말로 풀이하면 '사기꾼 현상(증후군)'이다. 한마디로 자신을 마치 사기꾼 같은 사람으로 여기며 실체(?)가 탄로 날까 봐 두려워하는 마음이다. 이들에게는 이런 특징들이 있었다. 다음은 클랜스가 임포스터 현상을 평가하기 위해 마련한 기준 중에서 발췌한 내용이다.

① 어떤 과제를 맡았을 때 잘하지 못할까 봐 두려워했지만 결국 잘해낸 적이 많다.

② 다른 사람들이 나를 평가하는 게 두렵다.

③ 생각만큼 내가 능력이 없다는 걸 사람들이 알게 될까 봐 두렵다.

④ 내 성과에 대한 인정을 받았을 때 스스로 그 일의 중요성

을 깎아내리는 경향이 있다.

⑤ 내가 잘해낼 수 있었던 건 모두 운 덕분이라 생각한다.

보통 간절히 원하는 직장에 합격하거나, 더 좋은 회사로 이직하거나, 승진하거나, 동료들에게 좋은 평가를 받았을 때 이런 마음이 드는 경우가 많다. 그리고 경쟁이 치열했다면 치열했던 대로 그렇지 않았다면 않았던 대로 염려하기 시작한다. 경쟁이 치열했다면 "이렇게 경쟁이 치열했는데 내가 뽑혔다는 건 운이나 실수라고밖에는 설명할 수 없어!"라고 생각하는 것이고, 경쟁이 치열하지 않았다면 "경쟁이 치열하지 않아서 운 좋게 내가 뽑힐 수 있었던 거겠지!"라고 생각하는 것이다.

임포스터 현상은 물론 고통스럽지만 병적인 것은 아니며 이런 증세가 있다고 해서 무조건 문제가 되지도 않는다. 심지어 임포스터 현상에는 긍정적인 측면도 있다. 3603명의 피실험자를 대상으로 한 심리실험에서 임포스터 현상의 유용한 효과를 밝혀내기도 했다. 연구에서는 실험 참여자들을 두 집단으로 나누어, 한 집단에는 자신의 능력을 다른 사람들이 과대평가했던 사건을 떠올리게 하면서 임포스터 현상을 자극했고 다른 집단에는 그저 전날에 먹었던 점심 메뉴를 떠올리도록 했다. 이후 참여자들을 대상으로 모의 면접을 진행했는데 그 결과 임포스터 현상이 자극된 집단이 유능함과 효과적인 대인관계 기술 측면에서 더 좋은 평가를 받았다. 이는 임포스터 현상이 자극되는 경우 타인을 의식하는 마음이 발현되어 타인 지향적인 의사소통을 할 수 있게 되기 때문이다.

그렇다면 임포스터 현상은 언제 문제가 될까? 이것을 알기 위해서는 임포스터 현상이 생기는 경로를 먼저 살펴보는 일이 필요하다. 많은 사람이 이런 마음을 가지게 되는 이유 중 하나는 우리가 감정적인 상처로부터 자신을 방어하기 위해 노력하기 때문이다. 혹시라도 최악의 결과가 발생했을 때 받을 충격을 줄이기 위해 최악의 결과를 미리 각오하면서 두려워하는 것이다. 우려하던 일이 벌어졌을 때 '그래, 언젠가 이런 날이 올 줄 알았어'

라고 생각할 수 있다면 타격이 덜할 것이라고 믿는 마음이 임포스터 현상을 일으키는 셈이다.

　이러한 노력의 결과로 우리 안에는 두 가지 상반된 두려움이 공존하게 된다. 실패에 대한 두려움과 성공에 대한 두려움이 그것이다. 성공을 두려워한다니! 다소 이상하게 들리겠지만 우리의 무의식 안에는 놀랍게도 이런 마음이 존재한다. 내가 성공하면 나는 사람들을 완벽히 속여 부당한 이득을 취한 사기꾼이 되는 셈이니 두려운 것이다.

　이 두 가지 두려움이 지나치게 커져서 파괴적인 결과를 만들어낼 때 임포스터 현상은 문제가 된다. 실패에 대한 두려움이 큰 나머지 스스로를 지나치게 혹사하다가 번아웃이 올 수도 있다. 성공에 대한 두려움이 크면 남들이 보기엔 수월히 달성할 수 있는 일조차 스스로 자격이 없고 준비가 안 됐다고 생각하면서 도전을 단념하여 손해를 보기도 한다.

나만 그런 것이 아니라는 사실 알기

그렇다면 임포스터 현상을 균형 있게 다룰 수 있는 방법은 무엇일까? 먼저 임포스터 현상이 '다원적 무지(pluralistic ignorance)'의 대표적인 결과 중 하나라는 사실을 떠올리자. 다원적 무지란 오로지 나만이 집단과 다른 특성을 가졌을 것이라고 생각하지만 사실은 집단의 다수가 그런 특성을 가진 경우를 말한다. 즉, 이 집단에서 나만이 사기꾼이며 이것은 나만이 알고 있는 비밀이라고 생각하지만 사실은 집단의 다수가 각자에 관해 이렇게 생각하고 있다는 것이다. 이때 이 감정이 나만의 이상한 감정이 아니라는 것을 확인할수록 안심이 되고 균형 잡힌 시각을 가질 수 있다.

이러한 심리학적 기법을 '보편화(universalization)'라고 한다. 나의 걱정이나 고통이 나만의 것이 아님을 일깨우는 방법이다. 보편화에 도움이 될 만한 사례 하나를 이야기해 보겠다. 대학교에 입학하고 얼마 되지 않은 어느 날 같은 과 친구와 함께 걸어가는데 친구가 내게 고백하듯 이런 말을 했다.

"나는 사실 내가 대학교에 붙은 게 우연이거나 실수인 것 같아. 아니면 그냥 운이 좋았거나. 그래서 앞으로의 공부를 내가 잘 따라갈 수 있을지 자신이 없어."

그 순간 나는 깜짝 놀랐다. 나도 정확히 같은 생각을 하고 있었기 때문이다. 그때 우리는 임포스터 현상을 겪고 있던 것이다.

두 번째 방법은 스스로가 사기꾼이 아니라는 증거를 틈날 때마다 모으는 것이다. 칭찬의 말이나 편지, 문자 등 좋은 성과로 사람들에게 받았던 긍정적인 메시지 또는 높은 점수 같은 수량화된 평가처럼 임포스터 현상에 지나치게 휩싸일 때마다 숨을 고르고 들여다볼 단서들을 틈틈이 모으는 것도 좋은 방법이다. 내가 아주아주 뛰어난 사람이라는 증명을 해주는 자료까지는 아니어도 괜찮다. 그저 내가 형편없는 사기꾼은 분명히 아니라는 것 정도만 알려줄 수 있으면 된다.

마지막으로 누구나, 정말 누구나 실수한다는 사실을 기억하자. 스스로가 사실 운의 힘으로 버텨온 실력 없는 사람이라는 생각은 자신이 크고 작은 실수를 하는 상황에서 특히나 자극되기 때문이다. 그러나 실수는 형편없음의 증거가 될 수 없다. 그 어떤 뛰어난 사람조차도 반드시 실수하기 마련이다. 그러므로 실수라는 돌부리에 걸려 넘어지는 상황을 주의하자.

어느 날 올림픽 배구 경기를 보던 중 새삼스럽게 느낀 점이 있었는데, 치열한 경쟁을 뚫고 선발된 국가대표들마저 서브 실수로 실점한다는 사실이었다. 어찌 보면 '밥 먹고 그것만 한다'고 할 정도로 셀 수 없이 많은 서브 연습을 한 그들도 실수를 한다. 하물며 국가대표도 아닌 우리는 어떨까? 어떤 날에는 당연히도 실수 연발일 수밖에 없는 것이다. 그러니 '국가대표도 실수를 하는데, 나라고 안 하는 게 더 이상하지'라고 생각할 수 있기를 바란다. 헤매던 순간만을 떠올리며 기어코 내 실체가 드러났다고 통탄하기에는 너무 억울하지 않은가?

여기까지 읽었는데도 여전히 내가 진짜 사기꾼일까 봐 두려운가? 스스로가 사기꾼일까 봐 두려워하는 사람치고 진짜 사기꾼이기도 쉽지 않으니 조금은 안심해도 좋겠다. 여전히 내가 억수로 운이 좋았을 뿐이라고 느껴지는가? 그렇게나 운이 좋을 만큼 대단히 특별한 사람이기도 쉽지 않으니 역시나 안심하자.

선택의 순간,
기억해야 하는 한 가지

———————————————————— ＊ 인지부조화

◖●◗

여기 한 사이비 종교가 있다. 그 신도들은 자신들이
예고한 날짜가 되면 세상이 멸망할 것이며 오로지
자신들만이 비행접시(?)를 타고 외계인에 의해 다른
행성으로 옮겨 가게 될 것이라고 믿고 있었다. 운명
의 날에 대비하기 위해 어떤 사람들은 자신의 모든
인간관계와 직장을 정리하고 재산을 처분하기도 했
다. 과연 그날에는 어떤 일이 벌어졌을까? 당연히 세

상은 멸망하지 않았고 외계인은 지구를 찾아오지 않았다. 그렇다면 신도들은 어땠을까? 모두 그 사실에 절망했을까?

∎

이 사이비 종교를 주의 깊게 연구했던 심리학자 리온 페스팅거(Leon Festinger)는 인지부조화 이론으로 유명하다. '인지부조화'란 자신의 신념과 행동, 또는 외부 현실 사이에 모순이 생기는 상황을 뜻한다. 그런데 사람은 자신이 믿는 것과 행동하는 것 사이의 일관성, 삶에 대한 기대와 실제 현실 사이의 일관성을 추구하는 경향이 있기 때문에 이러한 모순에 불안해하고 불편함을 느낀다. 그래서 우리는 나도 모르게 몇 가지 방법을 동원하여 이 불협화음을 줄이기 위한 노력을 한다.

금지된 불협화음

이런 상상을 해보자. 내가 철석같이 믿고 있던 동료가 회삿돈을 횡령하는 엄청난 범죄를 저질렀다는 사실이 밝혀진 것이다. 이때 나는 어떤 반응을 보이게 될까? 아래 예시 중 하나를 골라보자.

① 그럴 리가 없어. 그 친구 계좌로 회삿돈이 이체됐다고 해서 그게 정말로 횡령을 했다는 명백한 증거는 아니잖아?

② 그래, 그러고 보니 그 친구 예전부터 뭔가 음침한 면이 있기도 하고 좀 미심쩍긴 했어.

③ 그 친구가 누군가의 꾐에 빠졌거나 피치 못할 집안 사정 같은 것이 있었던 게 틀림없어.

이것이 인지부조화 상황에서 우리 중 대다수가 선택하는 세 가지 유형이다. 첫 번째는 현실을 어떻게든 외면하면서 동료에 대한 신념을 보호하려는 태도, 두 번째는 충격적 사실로 인한 고통을 줄이기 위해 동료에 대한 신념을 수정하는 태도, 세 번째는 동료에 대한 신념을 보호하면서도 현실을 받아들이고자 그에게 어떤 사정이 있었을 거라며 합리화하는 태도다.

인지부조화는 우리가 무언가를 결정할 때도 자주 발생한다. 친구와 쇼핑을 하러 가서 여러 가지 옷을 입어보는 상황을 떠올려 보자. 직원은 나를 위해 이것저것 옷을 계속 꺼내 오고 있고, 친구도 내 옷을 같이 골라주느라 오랜 시간 애쓰고 있다. 그들은 이번에 입어본 옷이 잘 어울린다고 호들갑을 떨었지만 안타깝게도 사실 나는 어떤 옷도 마음에 쏙 들지 않았다. 그렇지만 그들의 수고를 헛되게 하고 싶지 않아 마지막에 입어본 옷을 꾸역꾸역 사고서 매장을 나서는 길, 나는 어떤 선택을 할 수 있을까? 다시 다음 보기 중 하나를 골라보자.

① 도저히 안 되겠다! 지금이라도 돌아가서 환불해야지.
   → (옷을 샀던) 행동을 변경하기

② 생각해 보니까 괜찮은 옷 같네. 요즘 유행하는 스타일이기도 하고…
   → (옷이 별로라는) 생각을 변경하기

③ 옷이 썩 마음에 들지는 않지만 이런 스타일 하나쯤 있어
   도 나쁘지 않지 뭐.
   → 합리화하기

직원의 실망한 표정과 친구의 허탈한 표정을 보는
마음이 편치 않겠지만 옷이 별로라는 자신의 생각에 귀
를 기울이면서 환불을 하러 가거나, 옷을 구입한 행동에
맞춰 옷이 괜찮은 것 같다고 생각을 바꾸거나, 옷이 별로
라는 생각과 그럼에도 불구하고 옷을 사버린 자신의 결
정 모두를 유지하기 위해 다른 이유를 붙이면서 합리화
하는 방법이 있을 것이다.

인지부조화를 허용하는 어른이 되는 법

이러한 인지부조화가 특히 잘 유발되는 몇 가지 상
황이 있다. 첫 번째는 상당한 시간이나 노력, 금전 등의
자원이 들어간 상황이다. 오랫동안 투자해온 주식이나
부동산이 하루아침에 폭락하는 경우가 대표적인 예다.

두 번째는 새로운 정보가 추가될 때다. 앞서 말한 회사 동료의 비리 사건처럼 믿고 있던 것과 전혀 다른 정보가 새로 들어오는 경우 우리는 혼란을 느낀다.

마지막은 이미 해버린 선택을 취소하는 것이 매우 어렵거나 불가능한 상황이다. 환불이 불가능한 물건을 사버렸거나 내가 배우자와 정말 안 맞는다는 사실을 뒤늦게 깨닫는 일에 이르기까지 우리의 인생에서 이런 일은 셀 수 없이 많다.

물론 이미 저지른 선택이나 오랫동안 믿어온 신념을 손바닥 뒤집듯 바꾸는 일은 절대 쉽지 않다. 그러나 쉽지 않은 것일 뿐 완전히 불가능한 것은 아니다. 그런데도 자신의 선택이나 신념을 번복하는 건 불가능하다고 착각하면서 섣불리 현재를 합리화하려 한다면 피해를 최소화할 타이밍을 놓치는 셈이다. 만약에 정말로 되돌릴 수 없는 선택을 한 경우라도 다음번 선택을 위해 나의 진짜 생각을 정리해 놓을 필요가 있다.

이런 상황에서 진정으로 나를 위한 선택을 할 방법은 하나다. 내가 인지부조화에 빠져 있음을 최대한 빨리 알아차리는 것! 인지부조화 상황에서 우리는 마음이 불편한 나머지 본능적으로 인지부조화의 불협화음을 없애버리려 할 것이다. 그렇게 되면 우리는 인지부조화의 순간을 경험했는지조차 모른 채 앞에서 말한 세 가지 중 하나의 방법으로 이 순간을 모면하고 있을 것이다. 그러나 당신은 이 글을 읽었기에 다행히도 인지부조화의 순간을 알아차릴 확률이 높아졌다. 인지부조화에 대한 이야기를 듣는 것만으로도 당신은 인지부조화의 순간에 정신을 차릴 수 있다.

그래도 여전히 걱정된다고? 그렇다면 방법이 하나 더 있다. '뭔가, 괜히, 왠지 모르게, 이상하게, 설명할 수 없지만, 스치듯' 드는 모호한 불편감의 순간을 절대 놓치지 마라. 스쳐 지나가려는 그 마음을 허둥지둥 없애려 하기 전에 마음속에서 기억하라. 그리고 그것에 대해 최대한 숙고하라. 인지부조화를 마음에 품고 있는 것은 기만적인 행위가 아니라 상당한 심리적 역량과 성숙을 필요로 하는 행위다. 불편한 감정을 마음속에 담아두는 일은 본능에 역행하는 것이기 때문에 당연히 쉽지 않다. 그러나 성찰하는 우리의 전두엽은 생각보다 강하고 연습과 반복을 통해 얼마든지 단련될 수 있다.

이 불편감은 좀 더 구체적인 모습으로 떠오르기도 한다. 회삿돈을 횡령한 동료와 그간 친하게 지냈다는 게 부끄럽다는 마음, 옷을 함께 골라준 옷가게 직원과 친구에 대한 미안함처럼 수치심이나 죄책감, 후회 등의 얼굴을 한 불편한 감정이 든다면 이것도 인지부조화가 보내는 신호다.

힌트는 또 있다. 내가 어떤 선택을 했는데 누군가 내 선택에 대한 이유를 물었을 때 알 수 없는 짜증이 치민다면 거의 확실하다. 마음속 은밀한 불협화음이 수면 위로 떠올랐기 때문에 짜증도 나는 것이다.

이제 다시 사이비 종교 이야기로 돌아가보자. 교인들은 세상의 멸망이 도래하지 않은 날 어떻게 반응했을까? 놀랍게도 상당수는 자신들의 깊은 신앙심 때문에 인류가 구원받았고, 그래서 종말도 찾아오지 않은 것이라 믿으며 더 열심히 신앙생활을 이어갔다고 한다. 자, 이

황당무계한 일화는 정말 당신과는 상관없는 사이비종교 만의 이야기일까?

승진, 그냥 없던 일로 하면
안 될까요?

────────────────────────── ✳ 역할갈등

◖▮◗

어제 다급한 호출을 받고 임원실에 갔었다. "자네랑

팀원들이 제일 믿음이 가서…"로 시작된 장황한 말의

요지는 우리 팀에 큰 프로젝트를 맡겨보고 싶다는 것

이었다. 들어보니 마감도 빠듯한 일정의 대형 프로젝

트인데 이게 도통 상인지 벌인지… 인사하며 방을 나

서는 순간까지 이사님은 무언의 압박을 담은 인자한

미소만 머금고 있을 뿐이었다.

당신이 만약 이 이야기 속 주인공이라면 어떤 선택을 할 것인가? 지금이라도 다시 임원실에 들어가 눈 딱 감고 정말 죄송하지만 이 프로젝트는 맡을 수 없겠다고 번복해야 할까? 아니면 사무실로 돌아가 다시 눈을 꼭 감고 팀원들에게 제발 이번 한 번만 고생해 달라고 읍소해야 할까?

일터에서 중간관리자만큼 애석한 직급이 있을까 싶다. 팀원들은 일을 주면 과다 업무라고, 일을 안 주면 성장할 기회가 없다고 투덜댄다. 단호하면 꼰대라며, 신중하면 우유부단하다며 비난의 화살이 날아온다. 피드백을 주려고 하면 마이크로매니징한다며 불평하고, 그냥 맡겨보려고 하면 방치한다며 서운해한다. 힘들어하는 팀원을 챙겨주니 불공정하다 하고, 모두를 똑같이 대하려 하면 팀원 개개인의 니즈를 세심하게 파악하지 못한단다.

임원들은 또 어떤가. 머릿속이 꽃밭인 그들의 말도

안 되는 요구를 쳐내는 건 언제나 중간관리자의 몫이다. 팀원들 아우성이 벌써 귓가에 맴도는데 임원들은 왜 자꾸 이 핑계 저 핑계 대냐고 한다. 어떤 때는 알아서 좀 하라고 하다가도 어떤 때는 왜 승인도 안 받고 마음대로 결정하냐며 화를 낸다.

책임질 일은 많고 권한은 적으면서 자율성도 보장받지 못하는 위치가 바로 중간관리자다. 자리는 사람뿐만 아니라 스트레스 역시 만드는 것이었던가! 그래서 중간관리자는 대표나 임원, 사원에 비해 심리적인 고통을 더 많이 받고 있을 가능성이 크다. 미국 컬럼비아대학교의 연구진은 2만 명가량의 전국 역학조사 데이터를 가지고 불안장애 및 우울장애의 유병률을 조사했는데, 2015년에 발표된 결과에 따르면 관리자 역할을 수행하는 이들은 사원급에 비해 두 배에 가까운 비율로 불안과 우울을 겪고 있었다. (이 시점에서 옆자리 팀장님을 측은하게 바라봐 주자…) 물론 일하는 모든 이들에게는 나름의 어려움이 있지만, 중간관리자이기에 특별히 더 어려운 지점이 분명히 존재한다는 뜻이다.

　중간관리자는 리더였다가도 지시의 순응자가 되어야 하고, 때로는 중재자가 되어야 한다. 때로는 나쁜 소식의 전달자였다가 때로는 버거운 지시에 맞서는 저항자가 되어야 한다. 다양한 이해관계를 가진 집단 안에서 그때그때 서로 반대되는 태도와 마음가짐으로 행동해야 하는 것이다. 리더일 때 그 사람에게 기대되는 모습과 순응자일 때 그 사람에게 기대되는 모습은 충돌할 수밖에 없기에 중간관리자의 난처함은 단순히 동시에 여러 가지 일을 해야 하는 데서 오는 어려움과는 차원이 다르다.

1인 2역의 딜레마

　이는 '역할갈등(role conflict)'이라는 개념으로 설명할 수 있다. 역할갈등이란 외부에서 기대하는 요구 사항과 자신이 수행할 수 있는 일 사이의 갈등을 말한다. 역할갈등은 두 가지로 나뉜다. 예를 들어 교통경찰인 내가 신호위반 차량을 붙잡았는데 운전자가 하필 가까운 친구였다고 해보자. 나는 경찰이라는 직업적 역할과 친구라는 사적 역할의 충돌 때문에 마음이 무척 불편할 것이다. 이게 바로 '역할 간 갈등(interrole conflict)'이다. 한 사람에게 기대되는 여러 역할이 충돌할 때 발생하는 갈등이다.

두 번째 갈등이 바로 팀장 같은 중간관리자들이 흔히 겪는 갈등이다. 한 가지 역할을 맡고 있으나 그 역할에 투영되는 다양한 기대가 충돌하는 것으로 '역할 내 갈등(intrarole conflict)'이라 부른다.

두 종류의 갈등 모두 우리에게 고민거리를 던져주지만 역할 내 갈등은 한 가지 역할에 대한 다양한 기대 사이에서 경계를 잡기가 굉장히 어렵기 때문에 특히나 힘들다. 역할 간 갈등의 경우에는 각각의 역할에 대한 나만의 원칙을 만들어 그 경계 내에서 나의 역할을 충실히 수행하는 방식을 시도해볼 수 있지만 말이다. 예를 들어 내가 만약 앞서 말한 교통경찰이라면 원칙대로 일을 수행하되 개인적인 자리에서 감정적인 유감을 충분히 표하는 방식으로 친구와의 친밀함을 유지할 수 있다. 그러나 역할 내 갈등이라면 하나의 사안에 대해 어떤 결정을 내리는 순간 임원은 기쁘지만 팀원은 속상할 수 있고, 또는 그 반대가 될 수도 있다. 모두가 만족할 가능성이 상당히 제한적인 것이다.

2019년 영국에서 발표된 한 연구는 이러한 역할 내 갈등에 처한 이들이 스스로에게 어떤 정체성을 부여하고 있는지를 보여준다. 연구자들은 대학원 내에서 중간관리자인 직원과 중간관리자가 아닌 직원 모두를 대상으로 심층 인터뷰를 진행하면서 중간관리자가 하는 일에 직원들이 어떤 정체성을 부여하고 있는지 살펴봤다. 수십 번의 인터뷰에서 공통적인 맥락을 추출하여 코드화하는 작업 등을 거친 결과 이들은 중간관리자의 정체성을 몇 가지 단어로 표현하고 있었는데, 그중 중간관리자에 대해 상급자가 제일 많이 표현한 단어는 놀랍게도 '똥', '배설물' 같은 것들이었다. 한마디로 중간관리자는 이들에게 '똥 치우는 사람'이었던 것이다!

그렇다면 하급자들이 가장 많이 사용한 비유는 무엇이었을까? 바로 '우산'이었다. 그들에게 중간관리자란 팀원을 돌보면서 그 능력을 끌어올려 주고 여기저기서 날아오는 똥으로부터 보호해 주는 사람이었다.

그렇다면 당시자인 중간관리자는 그렇게 부여된 정체성을 자신이 만족스럽게 수행하고 있다고 여겼을까? 당연히 그렇지 않았다. 그래서 이들에게는 똥 치우는 사람이라는 하급자로서의 정체성, 우산이라는 상급자로서의 정체성과 더불어 세 번째 중요한 정체성이 부여되는데… 그것은 바로 '무력한 관리자(impotent manager)'로서의 정체성이다. 앞선 두 개의 정체성과 마찬가지로 이 또한 필연적이다. 만약 그간 스스로 무력한 팀장이라고 자책하는 마음을 가지고 있었다면 그것은 당신이 정말로 무력한 존재라는 증거가 아니라 그저 지극히 보편적인 중간관리자라는 증거라고 말해주고 싶다. 중간관리자의 정체성을 획득한 것을 축하(?)한다!

지금 농담할 때냐고 생각할 수도 있지만 팀장은 '원래' 그런 것이다. 숙명을 어느 정도는 받아들여야 한다.

그것이 첫걸음이다. 중간관리자는 절대로 모두를 만족시킬 수 없으며 반드시 누군가의 미움을 받을 수밖에 없다. 어느 개인이 아주 특별하게 무력하거나 무능하기 때문이 아니다. 똥은 어디서든 날아올 수 있으며 우산을 아무리 열심히 펼쳐도 들이치는 비에 옷이 아예 안 젖을 수는 없는 법이다.

개인의 역량 부족을 자리 탓으로 돌리는 것 아니냐고? 위치가 지닌 분명한 한계를 인정하는 것은 떠넘기기가 아니라 상황을 객관적이고 정확하게 파악하는 일이다. 맡겨진 모든 일을 언제나 잡음 없이 매끄럽게 해내기를 바란다면 그것은 스스로가 전지전능한 존재이기를 바라는 것과 같다. 팀을 꾸려나가는 과정은 그래서 원래 '엉망진창'이다. 어딘가 대단히 잘못되어서가 아니라 원래 그런 것이다.

보상심리 지우기

똥 치우는 사람이자 우산이면서 무력한 팀장이기도 한 우리가 살아남기 위해 제일 먼저 내려놓아야 하는 것은 나의 배려가 고마움으로 돌아올 것이라는 '기대'이다. 복잡한 이해관계 안에서 우리는 절대로 '1+1=2'처럼 반응하지 않는다. 같은 배려에 대해서도 누군가는 고맙게 생각하겠지만 누군가는 생각지도 못한 비난을 할 수도 있다. 중간관리자의 상처는 대부분 사람에 대한 실망에서 오기 때문에 이건 정말 중요하다.

'내가 팀원일 때 다른 건 몰라도 야근하는 건 정말 싫었어. 그러니까 우리 팀원들 야근만큼은 절대 안 하도록 해야지!'라고 굳게 마음먹고 다짐을 열심히 실천했다고 치자. 누군가는 그 마음을 알아주고 고마워하겠지만 또 누군가는 그걸 당연하게 생각하거나 심지어 생각지도 못한 이유를 들며 불만스러워할 수도 있다. 이를테면 '팀장이 일 욕심이 많아서 자기가 다 하려고 한다' 같은 것이다. 어처구니없겠지만 사람이란 원래 그렇다. 이때 많은 희생을 한 사람일수록 사람에 대한 환멸이 생겨나기 쉽다. 그러면서 팀원들에게 지나치게 시니컬해질 수도 있다. 이런 상황은 정말이지 모두에게 안타깝다.

그러니 꼭 당부하고 싶다. 나의 희생이 고마움으로 돌아오지 못하더라도 너무 화가 나지는 않을 정도로만 배려하고 희생하라. 그 기준점은 스스로 설정할 수밖에 없다. 깊이 고민한 뒤 자신만의 기준점을 마련해 보자. 그것이 모두를 위하는 길이기도 하다. 일관된 기준이 있는 사람이야말로 많은 이들에게 안정감을 줄 수 있기 때문이다. 그리고 명심하자. 우리는 팀원과 임원뿐만 아니라 나 자신에게도 좋은 동료가 될 필요가 있다는 사실을.

강철 멘탈이란 절대 찌그러지지 않는 멘탈이 아니라

용수철처럼 찌그러졌다 펴졌다 하기를 반복하는

유연한 멘탈이다.

Part 2

나는 누가 싫고,
어떤 말에 상처받을까?

사람들과 함께 일하는 법을 터득한다

동료와 친해지면
아마추어 같은 걸까?

—————————————————— ✳ 친밀함

▬

자주 협업하는 마케팅 부서의 또래 직원이 괜찮으면
이번 주에 저녁을 같이 먹자는 제안을 해왔다. 평소
워낙 함께하는 업무가 많아 회사에서는 종종 점심을
같이 먹고, 여유 있는 시간에는 탕비실에서 수다를
떨기도 했으나… 회사 밖에서 만나는 것은 처음이
다. 당신이라면 이 제안을 수락할 것인가?

▬

고생하는 직원들을 격려하고 화합을 도모한다며 주말에 등산이나 가자는 이사님, 퇴근 시간만 되면 같이 저녁 먹자는 눈치 없는 부장님에 관한 이야기는 다소 고전적인 유머가 된 지 오래다. 물론 이 고전적인 유머가 여전히 현실인 곳도 있겠지만, 그래도 회사 분위기가 예전과 비교해 많이 변한 것은 사실이다. '회사 단합대회'는 고릿적 단어가 되었고 회식을 점심이 아닌 저녁에, 그것도 금요일 저녁에 잡는 팀장은 센스 없는 사람으로 여겨진다.

시대가 변하면서 회사는 점점 더 개인을 존중하는 분위기로 바뀌었고 더 나아가 직장동료와 끈끈해지는 것을 아마추어적이거나 쿨하지 못한 일로 여기는 분위기도 강해졌다. 그러다 보니 옆자리 누군가와 가까워지고 싶다가도 선을 넘는 눈치 없는 동료가 될까 봐 멈칫하게 된다. 그리고 사람들은 충고한다. 직장동료와 친해져 봤자 손해 보는 일이 더 많다고. 가깝다고 느껴 오픈한 사생활이 어느새 무성한 소문의 씨앗이 되어버린 경험, 친한 동료를 원칙대로 대했다가 "우리는 친한 사이인 줄 알았는데 실망이다"라는 말을 듣고, 결국 남보다도 못한 관계가 되어버린 경험… 직장 동료와 친해졌다가 다양하게 덴(?) 유경험자들의 조언은 인터넷에도 넘쳐난다.

우정이란 무엇인가

직장에서의 친밀함에 '우정'이라는 용어를 사용하면 아마도 많은 사람이 뭔지 모를 이질감을 느낄 것이다. 어쩌면 많은 이들의 마음속에 우정이란 허심탄회하게 소주 한 잔을 기울이며 어디서도 말하지 못한 진심을 표현하고, 감춰왔던 개인사를 '너만 알라'며 말해주고, 포옹이나 어깨동무 같은 가벼운 스킨십이 허용되는 이미지로 존재하기 때문일지 모른다.

그러나 관계나 심리와 관련한 많은 연구 결과에서 우정에 관해 합의된 몇 가지 속성을 살펴보면 직장동료와의 친밀함에도 우정이라는 단어를 얼마든지 붙일 수 있다는 것을 알 수 있다(실제로 'workplace friendship'이라는 단어가 있다). 합의된 속성으로서의 우정은 아래와 같이 묘사할 수 있다.

① 우정은 상대적으로 오래 지속되는 둘 이상의 자발적인 관계이다.

② 사람들은 우정을 통해 자신의 욕구를 충족하기도 하고, 상대의 바람을 충족시켜 주는 것에 관심을 기울이기도 한다.

③ 의무가 아닌 즐거움이 함께하는 이유이며, 서로를 존중하고 필요할 때 도움을 주고받는다.

어떤가, 당신의 머릿속에 지금 떠오르는 직장동료가 있는가? 이렇게 우정의 속성을 가만히 살펴보다 보면 몇몇 오래된 친구보다 친한 직장동료와의 관계가 오히려 더 우정에 부합한다고 느껴질 수 있다. 학창시절에는 둘도 없는 친구였지만 어느새 알 수 없는 의무감에 만나고 있거나, 만날 때 별로 즐겁지 않고 오히려 때때로 불쾌하거나, 나만 상대에게 일방적으로 맞춰주는 관계라면 그것은 슬프게도 더 이상 우정이라 부를 수 없을지 모른다.

물론 직장에서 누군가와 친밀해지는 일이 양날의 검인 것은 분명하다. 많은 연구에서 직장 내 우정에 대해 좋거나 나쁘다고 단정할 수 없으며, 밝은 면과 어두운 면이 뚜렷하게 공존하는 관계라고 정리하고 있다. 앞서 이야기했던 역할갈등을 떠올려 보자. 직장에서 우정은 동료와 친구라는 두 가지 역할을 모두 잘 수행할 때 비로소 달성이 가능하다.

직장 내 우정은 양날의 검?

미국의 대학교 네 곳에서 보험회사 직원 300여 명을 대상으로 직장동료이면서 우정을 나누는 관계가 개인에게 어떤 영향을 미치는지에 대해 살펴보았다. 직원들은 업무적으로 가깝게 지내는 동료 열 명의 명단과 업무 시간 이외에도 친하게 지내는 동료 열 명의 명단을 각각 작성했다. 그리고 이 두 목록에서 겹치는 동료를 많이 적어 낸 사람일수록 직장에서 '복합관계'를 강하게 유지하는 사람이라고 판단했다. 복합관계란 한 사람을 두 가지 이상의 역할(예를 들어, 친구와 직장동료)로 대하는 것을 말한다. 이들은 약한 복합관계를 가진 사람들에 비해 상대적으로 뛰어난 업무 능력을 가졌다는 평가를 받았으며, 스스로도 회사에서 긍정적인 감정을 더 많이 느끼고 있었다. 그러나 두 관계를 모두 신경 쓰느라 감정적인 피로도가 높은 사람들 역시 분명히 존재했으며, 이들은 오히려 업무 능력이 떨어지는 경향을 보였다. 연구에서는 전반적으로 복합관계가 긍정적으로 작용할 확률이 높다고 보았지만 누군가에게는 분명 피로감을 가져다준다는 점 역시 확인된 것이다.

직장 내 우정의 부정적인 연구 결과는 여기서 끝이 아니다. 한 연구에서는 회사에 도움이 되는 의견이라도 그걸로 인해 친한 동료가 손해를 볼 수 있다면 사람들은 적극적으로 의견을 개진하기 어려워했다는 점을 밝혔다. 친할수록 그 사람을 불쾌하게 하고 싶지 않다는 마음이 앞서기 때문에 의견을 개진해야 할 때 본능적으로 물러나기 때문이다.

그렇다면 역시 직장에서 누군가와 친밀해지는 일에는 신경을 끄는 게 답일까? 문제가 또 그렇게 간단하지만은 않다. 직장 내 우정이 귀한 이유 역시 수도 없이 존재하기 때문이다. 수많은 연구가 직장에서의 우정이 스트레스와 이직률을 상당 수준 줄여주고, 직업에 대한 만족도와 생산성마저 끌어올린다고 말하고 있다. 게다가 이 우정은 서로의 안전마저 지켜준다!

실제로 한 전력회사를 대상으로 한 연구에서 직장동료와의 우정이 사고 발생 확률을 낮춘다는 사실이 확인되었다. 회사에 친한 친구가 있다고 말한 팀은 그렇지 않은 팀보다 무려 평균 20퍼센트 정도 사고 발생률이 낮았던 것이다. 이런 결과가 가능했던 건 이들이 서로에게 안전모를 쓰라고 더 자주 말해주고 지치지 않게 끊임없이 격려해 주며 동료의 몸을 마치 자기 몸처럼 지켜주려 했기 때문이었다.

우정을 나누는 누군가가 회사에 존재한다는 사실은 이렇게 우리를 물리적으로 안전하게 해줄 뿐만 아니라 심리적으로도 안전하게 만들어준다. 그리고 심리적 안

전감을 느낄 때 우리는 비난받는 것에 대한 두려움 없이 더 자유롭게 아이디어를 말할 수 있다. 내가 상대를 포용하고 상대도 나를 그렇게 해준다는 믿음이 있을 때 지나친 방어 태세를 갖추지 않고도 하루 절반에 가까운 시간을 편안히 보낼 수 있는 것이다.

일터에서 우정을 유지하는 일은 참으로 까다롭다. 그러나 까다로운 만큼 귀하고 가치 있는 일이기도 하다. 세월이 흘러 이직을 하거나 부서가 바뀌어도 지속적으로 만나고 안부를 주고받으며 서로가 성장하는 모습을 지켜보는 것, 인간으로서 존경할 만한 점을 찾고 함께 즐거운 시간을 보내는 일은 일터에서 불가능하거나 해서는 안 되는 금기가 아니다.

조금이라도 감정적인 피로감이 들 것 같을 때 동료를 바로 차단하고 거리를 두는 일이 불필요한 갈등이나 고민을 원천봉쇄해 줄 수는 있을 것이다. 하지만 한편으로 이런 행위는 하루 중 가장 많은 시간을 보내는 공간에서 즐거움과 친밀함을 나눌 수 있는 기회마저 스스로

닫아버리는 셈이기도 하다. 인간관계에서 받는 스트레스가 걱정된다면 억지로 무리할 필요는 없지만 일하면서 때때로 아쉬움과 허전함이 생긴다면 한 번쯤은 용기를 내보아도 괜찮지 않을까? 지금 떠오르는 그 사람에게 오늘은 다정한 안부를 물어보자. 아, 잠시 잊고 있었던 마케팅 부서 동료와 저녁 약속 정도는 잡아보는 것도 좋겠다.

내 동기만 예뻐하는
팀장님에게

✳ 불공정

내가 초등학교를 다니던 시절, 책상은 2인용이었다. 가로로 긴 그 책상의 가운데에는 어김없이 신중하게 긋고 또 그은 진한 선이 존재했다. 그 시절에는 이 선을 38선이라고 불렀다. 한정된 자원을 공정하게 나누어 쓰는 일은 이렇듯 아이들에게도 몹시 중요하고 민감한 주제였다. 그리고 시간이 흘러 어른이 된 지금도 공정함은 여전히 우리에게 중요한 문제다.

다만 그 문제들은 이제 책상에 줄을 긋던 어린 시절보다 훨씬 더 다양하고 복잡한 모습을 한 채로 우리 앞에 있다.

직장에서 부당하게 대우받고 있다고 느끼는 경험이 심리적인 고통뿐만 아니라 고혈압이나 대사증후군을 비롯한 각종 신체적인 질병과도 연결된다는 것은 여러 연구에서 이미 밝혀진 바 있다. 부당함은 어떤 상황에서든 느낄 수 있으나 주로 수평적인 관계, 즉 비교적 유사한 처지의 관계에서 감지될수록 훨씬 더 아프다. 회사의 임원이 지나치게 많은 보너스를 받았을 때와 같은 팀 동료가 나보다 더 많은 보너스를 받았을 때를 떠올려 보자. 어떤 고통이 더 클까? 아마도 같은 팀 동료의 경우일 것이다.

이 부당함의 감각은 형제자매 관계에 그 기원이 있다. 양육자가 누구를 더 많이 안아주고 쳐다봐 주었는지, 먹는 것, 입는 것을 어떻게 배분해 주었는지 등 형제자매

와의 배분이 불공정하다고 느낄 때의 고통은 실로 엄청나다. 이렇게 어린 시절부터 우리에게는 불공정을 혐오하고 공정을 선호하는 경향이 견고하게 자리잡는다. 이 경향은 특히 6세 정도부터 뚜렷해지기 시작한다.

불공정한 이득보다는 공정한 손해가 낫다

아이들을 대상으로 진행한 연구 하나를 살펴보자. 아이들에게 마크와 댄이라는 두 아이의 상황을 보여줬다. 두 아이는 방 청소를 훌륭히 잘 해내서 상품으로 지우개를 받게 되었다. 아이들이 받을 수 있는 지우개는 총 다섯 개다. 연구자는 먼저 마크에게 지우개를 하나, 그다음 댄에게 하나, 다시 마크에게 하나, 댄에게 하나를 주었다. 마지막으로 남은 한 개의 지우개를 아이들은 어떻게 해야 한다고 생각했을까? 6세 이상의 아이들은 높은 비율로 마크나 댄에게 남은 지우개를 주기보다는 쓰레기통에 버리는 결정을 내렸다. 어느 한쪽이 별다른 이유

없이 더 많은 보상을 받으니 차라리 아무도 가지지 못하는 쪽이 더 낫다는 것이다.

성장하면서 불공정 혐오에 있어 또 다른 변화가 나타나기 시작하는 시점은 8세부터다. 8세 이전까지의 아이들은 자신에게 불리한 방향의 불공정에만 대체로 민감하게 반응하지만 8세 이상의 아이들은 자신에게 유리한 결과를 가져오는 불공정에 대해서도 불편함을 드러내기 시작한다. 이는 타인의 입장에서 그 사람이 어떤 생각을 하고 어떤 감정을 느낄지 짐작하는 능력이 성숙해가는 것과 궤를 함께한다. 이 능력이 잘 발달하면 발달할수록 아이들은 불공정의 방향과는 관계없이 불공정 그 자체를 혐오하게 된다.

그렇다면 성인은 어떨까? 성인을 대상으로 한 유명한 실험 '최후통첩 게임'을 소개해 보겠다. 게임의 규칙은 간단하다. 실험자는 참여자 두 명에게 10만 원을 주고 나눠 가지라고 제시한다. 이제 이 둘은 제안자와 응답자가 되고 돈을 몇 대 몇으로 나눌지에 대한 제안은 제안자만이 할 수 있다. 응답자는 이 제안을 받아들일지 거절할지 결정할 수 있다. 만약 응답자가 제안자의 의견을 받아들이면 둘 다 제안자가 제안한 비율대로 돈을 나눠 가져갈 수 있지만 거절하면 둘 다 한 푼도 가질 수 없다. 제안은 오로지 한 번만 가능하고 협상 절차는 따로 없으며, 서로 역할을 바꾸거나 보복할 기회 역시 없다. 당신이라면 어떤 액수를 제안하고 싶은가? 또는 제안자가 어떤 제안을 하더라도 받아들일 준비가 되었는가?

사실 금전적인 이득의 측면에서만 바라보면 제안자가 어떤 액수를 제시하든 무조건 받아들이는 쪽이 낫다. 아무것도 손에 넣지 못하는 것보다는 단 1만 원이라도 얻는 게 이득이기 때문이다. 제안자 역시 마찬가지다. 자신이 어떤 액수를 제시해도 응답자는 받아들이는 쪽이 이득일 테니 자신에게 절대적으로 유리한 액수를 제시하는 것이 좋다. 그러나 실험 결과는 조금 달랐다.

제안자들은 5대 5의 비율을 가장 많이 제시했고 응답자들은 8대 2나 9대 1의 비율을 제안받는 경우 70퍼센트 가까이가 그 제안을 거절했다. 금전적인 면에서의 합리성과 관계없이, 사람들이 실제로 무엇을 중요하다고 생각하는지를 알 수 있는 대목이다. 부당한 대우를 받느니 내 이득을 포기해서라도 상대가 부당한 이득을 취하지 못하도록 하는 편이 낫다고 여기는 것이다. 제안자 역시 응답자가 이런 마음을 가질 것이라고 짐작하고 있기 때문에 최대한 제안이 거절되지 않을 만한 비율을 선택하게 된다.

이렇듯 어린 시절 형성된 불공정 혐오는 우리 사회가 서로 자원을 나누어 갖고 협력하는 데 기여하기도 하지만 이상적인 현실을 만들어주지는 못한다. 세상의 이해관계는 너무 복잡하며 공정함이 무엇인지에 대한 생각도 사람마다 무척 다르기 때문이다. 모두 알다시피 현실은 각박하다. 이 각박한 현실 속에서 부당한 대우를 받는다고 느끼는 순간 우리는 뿌리 깊게 존재하는 불공정 혐오로 인해 마치 버튼이 눌린 듯 반사적인 분노를 경험할 수 있다. 그래서 나를 보호할 준비가 채 되지 않았는데도 충동적인 행동을 하게 될 수 있다. 눈앞에 보이는 아무 동료나 붙잡고 험담을 하거나, 인사평가자가 있는 방의 문을 벌컥 열고 들어가서 따지거나, SNS에 내가 겪은 일을 정제되지 않은 언어로 올리는 일처럼 말이다.

부당하다는 느낌은 마치 역린이 건드려지는 것과 같다. 순간적으로 어린 시절 또래 친구나 형제자매가 더 많은 사랑과 자원을 부당하게 받아 갔던 때로 돌아가는 것이다. 그 순간 느껴지는 감정은 분노와 억울함, 그리고 보복하고 싶은 마음이다. 이 감정이 스스로를 파괴할 수도 있다는 점을 제일 먼저 염두에 두자.

디어 마이 보스

그런 다음 글을 한번 써보자. 화가 나고 속상해 죽겠는데 무슨 뚱딴지 같은 소리냐고? 믿기 어렵겠지만 직장에서 부당한 경험을 한 이들이 글쓰기를 하면 고통스러운 감정이 줄어들고 이 난감한 상황을 잘 해결해 나갈 수 있는 심리상태가 된다는 연구가 존재하기 때문이다. '표현적 글쓰기(expressive writing)'라고 불리는 이 특별한 방식의 글쓰기는 심리적 트라우마를 경험한 사람들의 치유를 목적으로 심리학자 제임스 페니베이커(James Pennebaker)가 처음 제안했는데, 이 방법은 직장에서 부당함을 경험한 이들에게도 매우 효과적이었다.

이 글쓰기에는 간단한 원칙이 있다. 최소 4일 이상, 한 번에 최소 20분 동안 멈추지 않고 글을 쓰는 것이다. 내가 겪은 일과 관련한 감정과 생각에 대해 써 내려가면 된다. 페니베이커의 연구에서는 부당한 경험과 관련한 감정에 관해서만 쓰게 한 집단과 생각에 관해서만 쓰게 한 집단, 그리고 부당한 경험과는 전혀 관련이 없는 일에 관해서만 쓰게 한 집단에 비해 감정과 생각을 함께 쓰게 한 집단에서 글쓰기 효과가 가장 잘 나타났다.

어떻게 써야 할지 막막할 것이다. 먼저, 감정에 대해서는 어떤 묘사를 해도 좋다. 자유롭게 마구 써보자. '화가 치민다', '천불이 나는 것 같다', '온몸이 따끔따끔하고 달아오르는 것 같다' '깨진 유리창이 떠오른다' 등등 느껴지는 감정과 감각, 떠오르는 이미지 등을 검열 없이 적어보자. 생각도 역시 자유롭게 쓰면 된다. 지금의 경험이 나에게 어떤 타격을 주었는지, 이 일은 나에게 어떤 의미가 있는지, 지금까지 불공정한 대우를 받았을 때 나는 어떻게 대처했는지, 살아오면서 내가 불공정한 이득을 얻은 경우는 없었는지, 지금 내가 할 수 있는 것은 무엇인지, 할 수 없는 것은 무엇인지, 만약 누군가가 나와 비슷한 일을 겪었다면 그 사람에게 어떤 말을 해주고 싶은지.

일터에서 느낀 부당한 일에 관한 생각과 감정을 언어화하는 과정을 통해 우리는 그 경험이 나의 소중한 일상 전체를 점령해 버리는 상황으로부터 거리를 둘 수 있다. 속는 셈 치고 한 번만 글을 써보자. 오늘 밤, 동기만 예뻐하는 팀장님에게 장문의 부치지 못할 편지를 써보는 건 어떨까?

상사가 꼰대일 때,
꼰대가 상사일 때

━━━━━━━━━━━━━━━━━━━━━ ✳ 권위

눈을 감고 그를 떠올려 보자. 그가 누구냐고? 출근하면 곧 만나게 될 그, 바로 당신의 상사 말이다. 지금 번쩍하고 떠오른 그의 얼굴은 당신에게 어떤 기분을 선사했는가?

꼰대들에게는 몇 가지 달갑지 않은 공통점이 있다.

① 다른 사람의 말을 듣지 않으며 내 생각이 항상 옳다고 여김("아니 그게 아니라~")

② 내 입맛에 맞는 사람을 제외하고는 모두 깎아내리고 비난함("걔는 진짜 이해가 안 돼")

③ 다른 사람을 과하게 통제하지만 정작 책임은 지지 않음 ("글쎄? 내가 그랬었나?")

④ 사생활이나 외모에 대해 사사건건 간섭함("안경 말고 렌즈를 껴보는 건 어때?")

⑤ 과거의 영광에 심취해 있음("내가 옛날에 말이야~")

한마디로 공감과 배려가 부족하며 자기중심적이고 권위주의적인 사람이 꼰대다. 이런 유형의 리더가 구성원들을 침묵하게 하고 창의성을 떨어뜨린다는 사실에 대해서는 굳이 연구들을 끌어오지 않아도 모두가 공감할 것이다.

문제는 일터에서의 모든 꼰대는 상사라는 것이다. 모든 상사가 꼰대는 아니겠지만 모든 꼰대는 반드시 상사다. 그리고 상사는 우리에게 어떤 식으로든 영향을 줄 수밖에 없는 존재다. 우리는 이것을 '권력'이라 부른다.

애석하게도 권력이야말로 앞서 손꼽았던 꼰대의 여러 공통점을 제치는 제1의 필요조건이다. 권력이라고는 없는 신입사원은 꼰대가 되고 싶어도 될 수 없다. 만약 신입사원이 위에서 말한 공통점을 두루 갖추고 있다 하더라도 그것에 쩔쩔맬 사람은 없다.

그런데 상황이 이렇다 보니 상사를 대할 때 우리 마음속에서는 이 사람이 꼰대일지도 모른다는 두려움이 쉽게 자극된다. 이를 '권위에 대한 두려움(fear of authority)'이라고 부른다. 권력이 타인에게 영향을 주는 힘이라면 권위는 제도와 관습에서 인정하는 형태의 힘을 말한다. 양육자, 선배, 상사, 교사, 경찰 등이 권위를 상징하는 인물의 예라고 할 수 있다. 권위를 가진 인물은 제도와 관습의 범위 안에서 권력을 발휘할 수 있으므로 우리 안에 권위에 대한 두려움이 조금씩 존재하는 것은 자연스러운 현상이다. 차를 타고 지나가는데 길가에 있는 경찰이 나를 주목하는 것 같으면 괜히 움찔하는 것처럼 말이다.

그러나 권위에 대한 두려움이 지나친 나머지 그가

가진 권력의 크기를 매우 위협적이라고 여기게 되면 문제가 생긴다. 방 한구석에 서 있는 옷걸이를 그저 옷걸이로 보지 못하고 그 너머에 크게 드리워져 있는 그림자를 실체라고 착각하는 것이다. 권위에 대한 두려움이 크면 그들에게 너무 쉽게 겁을 먹고 지나치게 복종하게 될 수 있다. 또는 반대로 그들과 유독 자주 충돌하거나 그들에게 심한 분노를 느낄 수도 있다. 분노에 관한 장에서 설명했듯 무언가를 두려워하는 감정은 분노로 연결되기 쉽기 때문이다. 이렇듯 겉으로는 권위에 대한 상반된 태도처럼 보이지만 그 근원에 자리 잡은 감정은 유사하다.

내 마음에 물어보기

그렇다면 이제부터는 우리 안의 마음이 어떤 메커니즘으로 이런 두려움에 사로잡히는지 살펴보자. 가장 먼저 정신분석에서 자주 사용되는 문장을 하나 보겠다.

"어떠한 관계도 새로운 관계가 아니다."

우리가 지금 눈앞에 있는 상사를 대할 때의 감정 안에는 그 상사와 유사한 이미지로 상징되는 이들을 겪으면서 무의식에 누적되었던 감정이 포함되어 있다. 그래서 권위를 가진 인물에게서 과거에 겪었던 상처와 억압이 깊을수록 현재의 두려움이 커진다.

자, 이제 내 무의식을 끄집어내 보자. 그리고 권위에 대한 나의 생각이 어떤지 살펴보자. 도움이 될 만한 방법을 하나 소개해 보겠다. 먼저, 지금까지 살아오면서 당신이 만났던 권위를 상징하는 존재를 하나하나 떠올려 보자. 예를 들면 부모님, 조부모님, 선생님, 웃어른, 선배, 교수님 등이 있을 것이다. 그리고 다음 질문들에 하나하나 답해보자.

① 자라오면서 이들을 어떻게 대하도록 교육받았는가? 그저 순종하도록 배웠는가, 필요할 때는 내 의견을 개진할 수도 있다고 배웠는가?

② 좋은 기억을 주는 인물은 누구이며 나쁜 기억을 주는 인

물은 누구인가?

③ 그들에게서 폭언이나 폭력, 모욕, 상처, 부당한 대우를
받은 경험이 있는가?

④ 그들을 존경해야 한다고 생각하는가?

⑤ 그들을 대할 때 나의 주된 감정은 주로 무엇이었나? 답
답하고 화가 났나? 아니면 무섭고 긴장되었나?

⑥ 그들에게 도움받을 수 있을 것이라는 믿음이 있었는가?
아니면 그들이 언제든 내게 고통을 줄 수 있다고 느꼈는
가?

이 질문들에 답을 하다 보면 권위에 대한 나의 입장
이 무엇인지 확인할 수 있을 것이다. 어떤가? 당신이 생
각하기에 지금 팀장님에 대한 두려움은 과거의 기억 때
문에 지나치게 부풀려진 것인가? 만약 그렇다면 당신은
그에게 과하다 싶게 분노하거나 공격적인 말을 하는 팀
원인가? 아니라면 지나치게 순종적인 팀원인가?

꼰대력 파악하기

이렇게 진짜 내 마음 상태를 돌아보는 것만으로 문제가 해결되지 않는다면 이제부터는 상대의 '꼰대력'부터 제대로 파악해야 한다. 제일 먼저 지금 겪고 있는 꼰대가 악성 꼰대인지 아닌지를 구별할 필요가 있다. 악성 꼰대는 명백한 인격 모독이나 폭언을 일삼거나 부당한 고과 등 이유 없는 불이익을 주는 일을 반복하거나 의도적으로 나쁜 평판을 퍼뜨리는 행동을 하는 사람이다. 이런 사람에게 권력은 무기일 뿐이며 개선의 여지도 별로 없다. 그렇기 때문에 최대한 거리를 두고 피하거나 피할 수 없다면 최대한 치밀하게 대응을 준비해야 한다. 가능하면 바로 맞서지 않고 증거(녹음, 캡처 등)를 차곡차곡 모아놓은 뒤 필요한 경우 활용해야 한다. 이들은 보통 자신의 상사에게 약한 경우가 많기 때문에 만반의 준비를 한 후 상사의 상사에게 보고하는 방법도 신중히 고려할 수 있다. 물론 일어났던 사실 위주로 잘 정리되어 있어야 한다. 결론적으로 악성 꼰대로부터는 최대한 도망치되(도망치는 건 훌륭한 전략이다!) 어쩔 수 없이 계속 함께해야 한다면(정말로 어쩔 수 없는지도 한 번 더 생각해 보자!) 그때는 반드시 충분히 준비하라. 그리고 가능하다면 도움을 받을 만한 구성원도 확보해 놓은 상태에서 맞서라!

이런 류의 악성까지는 아니지만 마주할 때마다 짜증을 유발하는 꼰대라면 그때는 어떻게 해야 할까? 나를 몹시 열받게 하는 괴물에서 한낱 인간으로 그를 끌어내려야 한다. 그러기 위해서는 꼰대를 그저 한 명의 불완전한 인간으로 바라보기 위한 시도가 필요하다. 이건 대체 어떻게 하는 걸까? 쉽지는 않겠지만 상사와 나의 인간적인 공통점에 대해서 먼저 생각해 보자. 이어서 그의 업무적인 약점(예를 들어, 숫자에 약하다)과 인간적인 약점(예를 들어, 자신의 외모에 대해 자신없어 한다), 업무적인 강점(예를 들어, 문서 작성을 잘한다)과 인간적인 강점(예를 들어, 돈을 잘 쓴다)을 떠올려 보자. 강점에서는 아마도 떠오를 만한 게 없겠지만 다 쓴 치약 쥐어짜듯 최대한 쥐어짜 보자. 그러다 보면 꼰대 상사도 그저 인간이라는 사실이 점점 더 와닿을 것이다. 그리고 나의 삶에 그가 미쳐왔던 괴물 같은 영향력도 점차 인간적인 크기로 줄어들 것이다.

꼰대 상사로부터 도망치는 것도, 맞서는 것도, 그를 인간적으로 바라보는 것도 뭐 하나 쉽지 않을 것이다. 그러나 그 무엇도 해보지 않은 지금보다 무엇 하나라도 시도해 보았을 때 우리의 상황은 훨씬 더 나아져 있을 것이 분명하다.

이랬다저랬다 하는
상사 사용법

———————————————————— ✷ 이중구속

◖▮◗

너는 꼭 시켜야 하냐? → 스스로 한다 → 그걸 왜 네
마음대로 해? → 수동적으로 한다 → 너는 꼭 시켜야
하냐? → 스스로 한다 → 그걸 왜 네 마음대로 해? →
수동적으로 한다 → …

모르면 물어보라고 → 물어본다 → 넌 아직도 그걸 모
르냐? → 안 물어본다 → 모르면 물어보라고 → 물어

본다 → 넌 아직도 그걸 모르냐? → 안 물어본다 → …

아, 대체 어쩌란 말일까?

◖◗

　'착한 얼굴에 그렇지 못한 태도'를 가진 동료 때문에 혼란스러웠던 적이 있는가? 없을 리가 없다. 우리는 함께 일하는 사람의 오락가락한 태도로 인해 자주 난감하다. 상사 때문에 난감할 때가 가장 많긴 하지만 같은 직급의 동료나 후배라고 해서 이런 일을 전혀 겪지 않는 것은 아니다. 사수가 지나치게 간섭하는 것이 싫다고 하면서도 막상 자율권이 주어지면 자신은 늘 방치되는 것 같다며 서운해하는 후배를 떠올려 보자. 어떻게 하는 것이 그를 위한 길인지 헷갈릴 수밖에 없다. 이 혼란스러운 의사소통을 '이중구속 메시지(double bind message)' 또는 '혼합 메시지(mixed message)'로 설명할 수 있다.

　1950년대에 영국의 인류학자 그레고리 베이트슨

⟨Gregory Bateson⟩은 가족관계를 관찰함으로써 동시에 만족시키는 것이 불가능한 모순된 메시지를 타인으로부터 지속적으로 받는 상황의 위험성에 대해 경고했는데, 이것이 바로 이중구속이라는 개념이었다. 가족 내에서의 이중구속 상황은 수없이 많다. 찡그리는 표정으로 성적표를 보면서 성적에 연연할 필요 없다고 말하는 부모님을 떠올려 보자. 내내 냉정한 태도를 보이다가 아이가 시무룩해져 돌아서려고 하면 그제야 안아주며 애정표현을 하는 경우는 또 어떤가. 원하는 옷을 사주겠다고 했으면서 막상 아이가 옷을 골라오면 "그건 지금 유행이 아닌데 괜찮겠어?", "그건 좀 비싸네", "그건 촌스러워 보이는데"라면서 결국에는 자신이 원하는 옷을 사주는 상황 역시 마찬가지다.

조직도 가정과 마찬가지로 지속적인 상호작용을 통해 작동하기 때문에 조직 안에서의 이중구속 상황은 문제적일 수밖에 없다. 아마도 일하면서 그간 겪어온 이중구속들이 지금쯤 하나둘씩 떠오를 것이다. 몇 가지 예를 들어보겠다.

① "위험을 감수하는 패기를 가지고 마음껏 도전하세요!"
& "실패하면 책임을 묻는 인사 조치가 있을 것입니다."

② "무슨 수를 써서라도 프로젝트를 완성해야 합니다."
& "조금이라도 절차와 규정에 문제가 생긴다면 처벌하겠습니다."

③ "지금 상황에 대한 의견을 자유롭게 말해보세요."
& (의견을 말했더니) "왜 그렇게 매사 부정적이죠?"

④ "우리 회사에서는 사람이 제일 귀합니다."
& 몇 달 뒤 직원의 30퍼센트를 사전 공지도 없이 당일에 해고

⑤ (화난 목소리로) "김 대리는 대체 왜 아직 안 오는 거야?"
& "김 대리는 왜 이렇게 사람이 여유가 없고 매사 긴장돼 있나?"

내가 바라는 건 대체 뭘까?

심리학자 파울 바츨라비크(Paul Watzlawick)는 이중 구속 상황에 몇 가지 반복되는 패턴이 있다고 했다. 누군가에게 무언가를 요구하면서도 동시에 금지한다거나(①,

②) 외부 세계를 올바르게 인식하는 것에 대해 부정적 평가를 하는 게 그것이다(③). 더 심각하게는 실제로 자신이 경험하는 감정과 다른 감정을 가지기를 요구받기도 한다(④, ⑤). 직원들이 가차 없이 해고되는 상황에서도 회사가 사람을 귀하게 여긴다는 말을 진심으로 믿기를 강요하거나, 긴장할 수밖에 없는 상황을 만들면서도 긴장하지 않기를 요구하는 것처럼 말이다.

이러한 이중구속 상황에 지속적으로 노출될 때의 여파는 은근하면서도 파괴적이다. 개인은 응징당하는 상황에 대한 두려움을 떨치기가 어렵다. 늘 촉각을 곤두세우며 상대의 진짜 마음을 파악하기 위해 노력하다 보니 각성 상태를 유지할 수밖에 없고 불안이 기본값이 된다. 어떤 쪽을 택해도 상대를 만족시키지 못하다 보니 자신감을 잃어가고 스스로를 비난하며 자기 판단을 의심하는 상태에 놓이게 된다. 그러다가 점점 심리적으로 조종당하기 쉬운 상태가 된다.

그렇다면 이중구속 메시지를 유독 많이 사용하는 사람의 마음은 무엇일까? 자신의 이득을 위해 의식적으로 이러한 화법과 태도를 구사하는 사람도 물론 존재하긴 한다. 이중구속 메시지만큼 명분과 실리를 모두 취하기 쉬운 방법도 없기 때문이다. 자신의 손에 피를 묻히지 않고도 원하는 바를 얻을 수 있다니 얼마나 좋은가! 곤란하거나 힘든 일, 불법적인 일을 시키지 않아도 타인이 '알아서' 해내는 모양새가 될 수 있는 것이다. 오늘은 내가 쏘는 관대한 상사임에도 직원들이 알아서 짜장면으로 메뉴를 통일하는 기적이 일어나기도 한다.

그러나 이중구속 메시지를 구사하는 모든 사람이 처음부터 나쁜 의도를 가지고 있지는 않다(물론 그럼에도 상대는 속이 터지지만). 자신의 선택에 따라올 원망이 두렵거나 갈등 상황을 유달리 힘들어하는 경우 스스로를 방어하기 위해 회피하는 전략을 무의식중에 사용할 뿐이다.

나의 진짜 생각이나 감정이 무엇인지 잘 모르는 경우에도 이중구속 메시지를 많이 구사하게 된다. 자기 마음을 모르다 보니 일관성 없는 태도를 보이는 것이다. 때로 사람들이 상사에 대해 불평하며 "본인 마음을 나보고 어떻게 맞히라는 거야?"라고 말하지만, 사실은 그게 무엇인지를 상사 자신도 모를 때가 많다(!) 자기 자신도 모르는 마음을 타인이 어떻게 알겠는가. 과녁이 어디에 있는지를 나도 그도 모르는 비극적인 상황인 것이다.

그래서 이중구속 상황에 놓였을 때 어떻게 해야 할지에 대해 제시하기에 앞서, 이중구속 메시지를 쓰는 사람이 되고 싶지 않은 이들을 위한 제안을 몇 가지 해보겠다. 물론 일부러 작정하고 이중구속 메시지를 쓰는 이들에게는 관심 없는 내용일 테니 넘어가도 좋다.

말하는 쪽에서 이중구속 메시지를 쓰지 않는 제일 간단한 방법은, 결정 내려야 하는 상황에서 일단 시간을 좀 두고 생각해 보는 것이다. 섣불리 결정할수록 애매한 메시지를 던지게 되거나, 결정을 했다가도 생각이 금방 바뀌기 쉽다. 거기다 원래의 결정을 잊어버리기까지 하면 졸지에 일관성 없는 화법을 쓰는 못 미더운 사람이 되기 쉽다. 그러니 명확한 결정을 내리기 어려울 때는 시간을 두고 생각하면서 나의 입장을 정리한 뒤에 이야기하는 것이 바람직하다.

다른 하나는 감정에 솔직해지는 연습을 하는 것이

다. 타인에게 솔직해지기 이전에 나에게 먼저 솔직해지려고 노력해 보자. 나의 진짜 마음이 부끄러워 외면하고 싶거나, 정말로 무엇인지 알기 어려운 경우도 있을 것이다. 이럴 때 '내가 이 상황에서 진짜 원하는 게 뭐지?'라고 생각하는 일을 반복하다 보면 서서히 깨닫게 될 것이다. 예를 들어 '이 일을 김 대리에게 시키고 싶다'는 마음과 '김 대리가 불평할까 봐 두렵다'는 마음이 동시에 존재한다는 것을 분명하게 인식할 수만 있게 되어도 충분하다.

그다음 할 일은 용기를 내어 한쪽을 선택한 뒤 어떤 근거로 그러한 선택을 했는지를 스스로에게 알려주는 것이다. '김 대리가 불평하더라도 이 일은 김 대리가 원래 해야 하는 일이 맞으니 시켜야겠다' 또는 '김 대리의 불평을 듣는 일이 더 스트레스니 이번에는 그냥 내가 해야겠다' 이렇게 말이다. 그러다 보면 점차 더 명확한 의사소통을 하는 사람이 되는 동시에 스스로에 대한 이해 역시 한층 높일 수 있을 것이다.

무서운 사람, 혹은 눈치 없는 사람 되기

자, 이제 이중구속 상황을 어떻게 하면 '그나마' 잘 통과해 나갈지 생각해 보자. 이중구속은 그 정의부터가 완벽한 만족이 불가능한 상태를 전제하는 것이니만큼 완벽한 돌파 역시 있을 수 없다. 바로 이 사실을 스스로에게 분명하게 인식시키기를 바란다. 이 단계가 제일 중요하다. 상대가 온전히 만족하지 못한다고 해서 그것이 당신의 잘못은 아니라는 사실을 기억해야 상대에게 맥없이 조종당하는 일을 막을 수 있다.

꼼꼼히 기록하는 습관을 들이는 것도 좋다. 스스로를 의심하는 일을 줄이기 위해서도, 나중에 억울하게 책임을 뒤집어쓰는 일을 줄이기 위해서도 그렇다. 시간과 장소, 당시의 정황, 상대의 말을 그대로 기록해 놓으면 실질적으로도 상황에 더 잘 대응할 수 있을 뿐 아니라 자기 판단에 대한 믿음도 생긴다.

믿을 만한 동료와 수시로 의견을 나누는 것도 매우 유용하다. 나를 혼란스럽게 하는 그 사람에 대해 "너도 그렇게 느꼈지?"라며 서로의 감정을 확인하는 일은 '아, 내가 이상한 게 아니구나. 내가 지금 저 사람을, 그리고 이 상황을 제대로 보고 있는 거구나'라는 확신을 얻음으로써 안정감을 느끼는 데 큰 도움이 된다.

특히 지금 이 순간의 결정이 프로젝트의 중요한 부분을 좌우하거나 자신이 부당한 책임을 지는 상황이 되어버릴 것 같을 때는 반드시 확인을 해야만 한다. 물론 편안한 대화는 아니겠지만 필요하다면 물어볼 수 있어야 한다. 이때 잘 기록해둔 메모와 동료의 용기 있는 지지가 든든한 지원군이다. 상사가 "내가 언제 그랬어?"라고 반박할 때 말문이 막히지 않으려면 그 말이 오간 때와 장소, 표현 등을 함께 말하는 것이 도움이 된다. 물론 새로운 비아냥이 돌아올지도 모른다. "별걸 다 적는구나. 무섭네?" 그러나 차라리 이 김에 별걸 다 적는 무서운 사람이 되어보는 것도 나쁘지 않겠다. 상사가 이랬다 저랬다 하는 행동을 할 확률이 조금이나마 줄어들 수만 있다면 말이다.

이중구속 상황에서는 어차피 상대를 제대로 만족시킬 수 없다. 그러니까 어떤 선택을 해도 부정적인 결과가 돌아온다면 굳이 애써 정답이 무엇인지를 고민할 필요도 없다. 과감히 한쪽을 선택한 뒤 밀고 나가보기를 바란다. 눈치 없는 사람 콘셉트(의외로 나쁘지 않다!)로 탕수육을 시키든, 더럽고 치사해서 짜장면을 시키든 말이다.

거절 잘하는 사람이 되려면
무엇이 필요할까?

─────────────────────────── ✳ 자아경계

🔶

할일이 산더미인데 옆 팀 동료가 자꾸 커피 타임을
갖자고 메시지를 보내온다. 마지못해 카페테리아로
향했는데 동료의 수다는 끝날 줄을 모르고 이어진
다. '아 정말, 오늘 퇴근 전까지 마무리해야 하는 일
이 있는데…' 이때 당신이라면 몇 번 선택지를 고르
겠는가.

① 남의 속도 모르고 주절주절 떠들지 좀 말라고 시원하게 포효해 준 뒤에 사무실로 올라가 일을 마무리한다.

② 오늘 퇴근 전까지 마무리했어야 하는 중요 프로젝트를 포기하고 회사를 그만둔다.

아마도 일반적인 사람이라면 ①과 ② 사이의 어느 지점에서 타협점을 찾을 것이다. 이 장은 그럼에도 그 과정이 특히나 어려운 사람들을 위한 장이다. 상담을 하다 보면 "선 넘는 사람, 어떻게 대처해야 할까요?"라는 고민보다 더 많이 나오는 질문이 있다. 바로 "이 사람 지금 선 넘은 것 맞나요?"다. 그만큼 누군가가 선을 넘었는지에 대해 판단하기란 쉽지 않다. 대다수가 어렵지 않게 동의하는 '선'도 있지만 첨예하게 의견이 갈리는 '선' 역시 존재하기 때문이다. 만약 다수가 합의하는 명백한 선은 넘지 않았는데 내 마음이 불편하다면 그때는 어떻게 해야 할까? 상대가 명백히 잘못한 것은 아니니 내가 내 마음을 다스리기만 하면 되는 걸까? 그러기엔 뭔가 아니다 싶을 것이다.

이 문제는 '선'을 조금 다른 시각에서 바라보아야 풀린다. '잘못'이 아닌 '나의 감정'에 초점을 맞춰보자. 그것이 바로 '자아경계(ego boundary)'다. 자아경계란 나의 몸과 마음이 온전히 나의 것이라고 여길 수 있는 기준을 의미한다. 자아경계 안에서 개인은 안정감을 느끼고 삶을 스스로 통제할 수 있다는 믿음을 갖는다. 자아경계로서의 선은 사회적인 원칙으로서의 선과는 별개이다.

우리가 타인을 어떻게 대할지에 대해 건강한 판단을 내리기 위해서는 자신의 자아경계가 어디까지인지를 알아내고 그것을 존중할 필요가 있다. 자아경계를 무시하고 사회적인 경계에만 의존하여 판단하려다 보면 통제력을 잃어가는 상황에서도 어떤 태도를 취하는 게 옳은지 몰라 혼란스러워하다가 나를 제대로 돌보지 못하게 된다.

나를 지키는 '선'

자아경계가 어디까지인지는 나 아닌 다른 사람이 대신 판단해 줄 수 없기 때문에 어렵기도 하지만 한편으로 쉽기도 하다. 내가 불편하면 그건 불편한 것이다. 다만 앞서 말했듯 내가 불편하다는 것이 반드시 상대의 탓이나 책임으로 이어지는 것은 아니다.

좀 더 구체적으로 들어가 보자. 자아경계는 물리적 경계, 물질적 경계, 정서적 경계로 나눌 수 있다. 물리적 경계는 개인적인 공간과 시간, 그리고 신체적인 접촉의 정도를 의미한다. 함께 사는 사람이 내 방에 갑자기 들어오는 것이 괜찮은 사람도 있지만 그렇지 않은 사람도 있다. 일터에서도 그렇다. 내 자리에 다가와 책상 위의 물건을 만지작거리는 동료가 그리 불편하지 않은 사람도 있지만 몹시 불편한 사람도 있다. 물론 그 동료가 친한 사람인지 아닌지도 중요한 문제다. 스킨십도 마찬가지다. 친근감을 표현할 때 어깨를 가볍게 툭 치는 사람도 있지만 그것이 소스라치게 싫은 사람도 있다. 앞서 등장했던 시간도 그렇다. 업무 중 동료와 대화하는 데에 할애해도 된다고 생각하는 시간은 사람마다 다를 수 있다. 일과 취미활동, 친구와의 만남, 휴식 등에 들이는 시간을 각각 어느 정도의 비율로 배분할지 역시 각자가 생각하기 나름이다.

다음으로 물질적인 경계는 자신의 소유물과 금전을 공유하는 것에 대한 생각을 의미한다. 누군가는 직장동료에게 자신의 차를 쉽게 빌려줄 수도 있지만, 누군가는 가족이나 가까운 친구에게도 빌려주는 것을 꺼릴 수 있다. 돈을 주고받는 것도 비슷하다. 아무와도 채무 관계로 얽히고 싶지 않은 사람이 있는 동시에 일정 정도는 쉽게 빌려주고 빌리기도 하는 사람이 있다.

마지막으로 정서적 경계는 나의 생각과 감정에 대해서 그렇게 생각하고 느껴도 되는 것이라고 여겨지고 있는지를 뜻한다. 사무실에 에어컨을 틀어놓았을 때 같은 온도를 누군가는 춥고 누군가는 덥다고 느낄 수 있다. 그것에 대해 누군가에게 "이 정도면 안 추운 것"이라고 말할 수는 없다. 어쨌거나 당사자가 추우면 추운 것이다.

또는 요청하지 않은 호의를 받았을 때 기쁘고 고마운 사람도 있지만 부담스러운 사람도 있다. 그 호의가 사회적 선을 넘지 않았더라도 당사자는 얼마든지 버겁고 싫을 수 있다.

관계 안에서는 이런 자아경계가 흔들리는 상황이 반드시 생긴다. 이는 보통 타인에게 거절의 메시지를 전해야만 하는 상황으로 이어진다. 결국 '거절'이 문제인 것이다. 나는 자리로 돌아가서 할 일을 하고 싶은데 동료는 나와 대화하는 시간을 너무나 즐거워하는 것 같을 때, 자신의 어머니가 어렵게 보험 일을 한다며 하나만 가입해 달라고 동료가 간곡히 부탁을 해올 때, 내가 맡은 업무가 얼마나 많은지 모르는 동료가 가벼운 업무 처리 하나만 도와달라고 요청할 때, 마음먹고 혼자 쉬기로 한 주말에 친구가 오랜만에 보자고 할 때, 사회적인 선과 무관하게 내 마음의 선이 흔들릴 때 우리는 어떻게 거절할 수 있을까? 그리고 이 거절이 누군가에게는 왜 그토록 어려운 일일까?

거절하는 일을 특히 괴로워하는 사람의 마음 안에는

자신의 경계가 존중받지 못했거나 자신보다 타인의 생각과 감정을 우선해야 하는 상황에 놓였던 기억이 존재한다. 이를테면 타인을 기쁘게 해줘야 한다는 압박을 받았거나("내가 지금 비참한 이유는 네가 실망스러운 점수를 받아 와서야") 자신의 생각과 감정을 인정받지 못했던 경우("너는 이렇게 맛있는 음식을 왜 싫다고 하니, 유별나다")다. 이들은 그저 자기 영역을 지키는 것만으로도 죄책감을 가졌을 가능성이 크다. 이때 타인에게 상처를 주는 것, 원망을 사는 것, 그리하여 결국에는 타인으로부터 버림받게 되는 것에 대한 두려움이 함께 자리 잡았을 수 있다.

'거절민감성(rejection sensitivity)'이 높은 경우에도 자신의 생각과 감정을 억제하기 때문에 자아경계를 잘 지키기 어렵다. 거절민감성이 높은 사람은 중립적인 단서에서도 지레 거절을 예상하거나, 거절당했을 때 남들보다 부정적인 감정을 강하게 느낀다. 내가 거절당했을 때의 괴로움이 크기 때문에 타인도 그만큼의 괴로움을 느낄 것이라고 예상하고 거절을 힘들어할 수 있다. 또는 자신의 거절로 인한 타인의 부정적인 감정을 마주하는 것 자체가 일종의 거절처럼 느껴지기 때문에 두려워하는 것도 있다.

거절을 당했을 때 스스로를 탓하며 슬픔과 우울감이 커지는 사람이 있는 반면 분노와 공격성이 커지면서 자신을 거절한 타인을 전적으로 탓하는 사람도 있다. 거절민감성이 똑같이 높은 경우에도 거절을 슬픔과 우울감으로 처리하는 사람일수록 자기억제가 심하기 때문에 거절하기를 더욱 어려워한다.

그럼에도 불구하고 우리는 반드시 어느 순간에는 거절을 해야만 한다. 제일 안타까운 경우는 거절을 하지 못해 끙끙 앓다가 어느 순간 인내심이 바닥나 누군가에게 그간 억제했던 분노를 한꺼번에 표출해 버리는 경우다. 맨 처음 소개했던 사례에서 동료에게 별안간 소리를 지르거나 갑자기 퇴사를 결심하는 것처럼 말이다. 그래서 마음의 압력밥솥이 빵 하고 터지기 전에 김을 조금씩 빼 줘야 하는 것이다.

어렵지만 쉽게 거절하는 법

그렇다면 거절은 어떻게 해야 할까? 흔히 거절을 굉장히 비장한 것처럼 생각해서 상대에게 곧이곧대로, 될 수 있으면 단호하게 통보해야만 한다고 생각하는 경우가 많다. 그러지 않으면 비겁하거나 비굴한 것이라고까지 여기기도 한다. 그러나 누군가를 거절하는 일조차 버거운 사람이 태도까지 매사 단호해야 한다면 그것은 어마어마한 이중고다. 우리는 나의 경계를 지켜내고자 하는 목적만 달성하면 된다. 상대가 알아들을 만한 선에서 돌려 말하거나, 정말로 잘못했을 때가 아니라도 부탁을 들어주지 못해 미안하다는 말 정도는 할 수 있다. 때로는 외부의 상황 탓을 하면서 거절해도 좋다.

상대에게 거절 이유를 설명하는 것도 도움이 된다. 매달리듯 변명할 필요는 없지만, 상대가 상식적으로 납득할 이유가 있음에도 굳이 설명하지 않는 일은 거절이라는 작업을 너무 고통스럽고 어렵게 만든다. 예를 들어 "나도 대화를 더 나누고 싶은데 급하게 마무리할 일이 있어서 이만 들어가 봐야 할 것 같다"라고 말하는 것은 "너는 지금 눈치 없이 내 시간을 빼앗고 있어!"또는 앞뒤 설명 없이 "나는 이만 들어갈게"라고 말하는 것보다 훨씬 낫다.

거절을 할 때 타인이 느낄 아쉬운 감정, 그리고 현재 부탁이 필요할 수밖에 없는 상황에 대해 공감을 표현하는 것도 좋은 방법이다. 누군가 업무를 좀 도와달라고 했지만 거절하고 싶은 경우, "지금 너도 너무 바빠서 많이 힘들겠네. 도와줄 수 있으면 좋겠는데 마감이 급한 업무가 여러 개 있어서 돕기가 어렵겠다"정도로만 설명할 수 있어도 좋다.

마지막으로 나의 자아경계에 한 치의 흠집도 허용할 수 없다는 식의 생각은 안 했으면 한다. 자아경계는 유연한 것이며, 완벽히 지켜내는 것이 아니라 '대체로' 잘 지켜내려 노력하면 되는 것이다. 이번에 선을 잘 긋지 못했다고 해서 바로 '호구'가 되거나 나를 다 내어준 것은 아니다. 스스로를 잘 지켜내겠다는 의지와 자신에 대한 믿음만 있다면 경계는 그렇게 쉽게 사라지지 않는다.

내 마음도 모르고 자꾸 선을 넘어오는 타인이 미운가? 그렇다면 거절하라. 타인이 선을 넘지 않도록 거절하는 것이야말로 타인을 미워하지 않을 수 있는 방법이다. 거절하는 자신이 나쁜 사람 같은가? 누군가를 기쁘게 해주지 못하거나 실망시키는 일은 나쁜 일과는 무관하다. 거절하면 상대가 영원히 멀어질 것 같은가? 만약 정말 멀어진다면 그 사람은 언젠가 반드시 멀어질 수밖에 없었던 사람이다. 우리가 눈치를 봐야 하는 단 한 사람이 있다면 그것은 바로 '나 자신'이다. 당신이 비로소 나라는 존재에게 조금 더 친절해질 수 있기를 바란다.

"제가 바로 팀원 눈치 보는 상사입니다"

———————————————— ✳ 침묵 효과

∎◀

당신이 미래에 일어날 모든 일을 다 꿰뚫어 볼 수 있는 능력자라고 상상해 보자. 너무 행복한 상상이라고? 그렇다면 여기에 한 가지 조건을 덧붙여 보겠다. 당신은 미래에 일어날 기쁜 일과 슬픈 일 중 하나만을 예언할 수 있다. 당신이라면 어느 쪽을 예언하고 싶은가?

▶∎

"요즘 후배들 무서워서 무슨 말을 못 하겠다~"라며 '요즘 후배들' 앞에서 큰소리를 내는 사람 중에 진정으로 그들을 무서워하거나 할 말을 못 하는 사람은 별로 없다. 진짜 요즘 후배들을 무서워하는 사람은 말없이 눈치만 볼 뿐이다. 상명하복 이외의 의사소통을 상상하기 어려웠던 시절을 감안하면(물론 지금도 그런 곳이 있긴 하지만) 상급자가 후배의 눈치를 보는 일이 많아졌다는 것은 사실 매우 반길 만한 변화다. 함께 일하는 동료를 존중하는 과정에서 그 사람의 눈치를 보는 일은 자연스러운 것이기 때문이다.

그러나 필요 이상으로 눈치를 보며 속앓이를 하는 사람들이 의외로 많다. 상사로서 아무도 원치 않는 업무를 지시해야 할 때는 반드시 있기 마련인데, 이런 지시를 하기 어려우면 상사는 직책에 맞지 않는 일을 혼자 처리하면서 전체의 효율을 떨어뜨린다. 아무도 몰래 끙끙 앓으면서 스트레스를 키워나가는 것은 덤이다. 그뿐이랴. 팀원들은 다양한 업무를 경험하지 못하는 바람에 성장의 기회를 놓치게 된다.

이런 상황에는 최근의 경향도 한몫한다. 요즘의 인사평가는 대부분 상향 평가, 즉 상급자에 대한 하급자의 평가를 포함하고 있기 때문에 자신이 상급자로서 어떻게 평가받을지를 더 걱정하게 만든다. 언제나 열려있는 SNS도 불합리한 지시를 한다고 여겨지는 상급자에 대한 소문을 언제든 퍼뜨릴 준비가 되어있다.

무소식이 희소식이다?

물론 누군가에게 싫은 소리 하기를 꺼리는 것 자체는 인간의 보편적인 심리이며, 이를 '침묵 효과(minimizing unpleasant message effect)'라고 부른다. 나쁜 소식을 전하고 싶은 사람이 몇이나 되겠는가.

1970년 조지아대학교의 시드니 로즌(Sidney Rosen)과 에이브러햄 테서(Abraham Tesser)는 사람들이 타인에게 부정적인 소식 전달하기를 꺼린다는 사실을 실험을 통해 밝혀냈다. 새로 출시할 제품을 평가하는 자리라고 알고 참여자들이 모여 있는 도중 연기자가 나타나 "A 씨 계신가요? 그분의 가족과 관련한 아주 좋은(또는 나쁜) 전화가 도착해서 빨리 알려야 하는데요!"라고 말한 뒤 사라진다. 잠시 후 다른 연기자 A가 나타나 자신이 지금 중요한 전화를 기다리고 있다고 말한다. 이때 나쁜 소식이 도착했다는 것을 들었던 참여자의 대부분은 A에게 전화가 와 있다고만 알렸을 뿐 그것이 어떤 소식인지에 대해서는 말하지 않았다. 하지만 좋은 소식이 도착했다는 걸 들었던 참여자들은 좋은 소식이 도착해 있다는 것까지 그에게 말해주었다. 로즌과 테서는 이 결과에 대해 '무소식이 희소식이다(no news is good news)'라는 표현을 뒤집어 '무소식이 나쁜 소식이다(no news is bad news)'라고 말하면서 침묵 효과의 강력함을 인식시켰다.

침묵 효과는 심지어 나쁜 소식의 수신자를 전혀 모르는 경우에도 발휘된다. 또 다른 연구에서 참여자들은 좋은 소식("귀하의 이전 결제에서 오류가 발생하여 100달러를 환불해 드릴 예정입니다") 또는 나쁜 소식("귀하의 이전 결제에서 오류가 발생하여 100달러를 추가로 청구할 예정입니다")이 담긴 엽서를 받을 사람이 누구인지 모른 채로 보낼지 말지를 결정해야 하는 상황에 놓였다. 결과는 어땠을까? 모두 예상했듯이 좋은 소식에 비해 나쁜 소식이 담긴 엽서는 발송률이 훨씬 낮았다.

이 침묵 효과는 이후 회사, 교육현장 등 실제 상황에서도 반복적으로 증명되었다. 침묵 효과를 그나마 줄일 수 있는 요소 중 하나는 '나쁜 소식일지라도 듣고 싶어 하는 상대의 욕구'가 명확히 인지된 경우였지만, 그마저도 드라마틱한 효과를 보이지는 못했다. 그만큼 우리는 나쁜 소식을 전하는 행위 자체에 죄책감을 느낀다. 실제로 잘못한 것이 없는데도 말이다. 그래서 나쁜 소식을 아예 전달하지 않거나, 전달을 제때 하지 못하고 미루거나, 축소해서 전달하곤 한다.

그밖에도 우리 팀장님이 나에게 불편한 업무를 지시하거나 부정적인 피드백을 주기 어려워하는 이유는 수없이 많다. 앞에서 등장했던 인정욕구나 거절민감성 때문이기도 하고, 그가 가진 공감 능력 때문이기도 하다.

한 연구에서는 공감 능력이 높은 리더가 낮은 리더에 비해 팀원에게 부정적인 소식을 전한 뒤 느끼는 심리적인 고통이 더 크고 심지어 주의력마저 낮아진다는 사실이 관찰되었다. 그리고 이런 상황은 때로는 문제 해결 능력에도 영향을 미쳐 생산성을 떨어뜨리기도 했다.

또 하나의 놀라운 요인은 자신이 가진 결정권, 즉 힘에 대한 두려움이다. 힘이 있으면 좋은 것 아니냐고 생각할지도 모르겠다. 그러나 힘은 곧 영향력이자 책임이기도 하다. 내가 어떻게 하느냐에 따라 타인이 기쁠 수도 불행해질 수도 있다는 사실은 때로 두려움을 불러일으킨다. 나쁜 소식을 들은 상대의 분노와 슬픔, 억울함에 자신이 기여했다는 느낌을 받는다.

사실 지시를 받는 입장에 놓이는 사람은 무력감을 느낄 때도 있지만 한편으로는 선택권이 별로 없기 때문에 묘하게 마음이 편한 부분도 있다. 그러나 상급자에게는 선택지가 많다. 궂은일을 시킬 수도 있지만 자신이 그냥 떠안을 수도 있다. 업무 능력과 태도에 대해 지적할 수도 있지만 그냥 안 할 수도 있다. 이렇듯 상급자가 가진 선택지에는 책임이 따르며, 이 책임은 두려움이 된다.

가슴은 뜨겁게, 머리는 차갑게

그렇다면 이 괴로운 일을 어떻게 하면 조금이나마 수월하게 해낼 수 있을까? 일단은 모두를 항상 기쁘게만 할 수는 없음을, 스스로의 잘못이 아니라도 반드시 악역을 맡아야 할 때가 있음을 이제 인정하자. 당신의 팀원들은 성장할 자격이 있다. 그렇기 때문에 싫어도 싫은 소리를 해야 한다. 그런 다음 주어진 선택지 중 스스로가 가장 합리적이라고 생각되는 쪽을 자유롭게 선택하자.

구체적으로는 어떤 식으로 싫은 소리를 하는 게 좋을까? 흔히 부정적인 피드백을 주어야 하는 경우 '칭찬-지적-칭찬'의 순서로, 즉 부정적인 메시지 앞뒤에 긍정적인 메시지를 배치한 '샌드위치 피드백'이 유용하다고 알려져 있다. 이 전략이 통할 때도 있지만 아무리 앞뒤를 칭찬이라는 빵으로 감싸봤자 기분만 더 상하게 만드는 맛없는 샌드위치를 만들었을 수도 있다. 더 좋은 방법은 없을까?

칭찬이라는 쿠션 대신 공감이라는 쿠션을 활용해 볼 수도 있다. 앞서 말했듯 공감 능력이 높은 리더일수록 싫은 소리 하는 것을 더 고통스러워한다. 그런데 이 공감 능력을 잘 활용하면 유용한 의사소통을 할 수 있다. 이와 관련된 연구 하나를 소개해 보겠다. 이 연구에서 절반의 참여자들은 배우가 부정적인 피드백을 전하는 영상을 시청했고 나머지 절반의 참여자들은 거기에 공감을 표하는 대사가 추가된 영상을 시청했다. 피드백 주제는 보고서 내용을 검토한 결과 세부 정보가 충실하지 않다는 내용이었다. 공감을 표하는 대사가 추가된 영상에는 "당신은 이 부서가 처음이기 때문에 보고서에 세부 정보가 얼마나 들어가야 하는지 알기 어려웠을 수 있다", "보고서를 완성하는 과정은 쉽지 않으며 충분히 지난한 과정일 수 있다" 등의 대사가 더 들어가 있었다. 그것을 제외하고 두 영상 속 배우의 대사, 표정, 톤은 모두 같았다. 결과는 어땠을까? 공감하는 대사가 추가된 영상을 본 참여자들은 그것이 없는 영상을 본 사람들보다 긍정적인 감정을 더 많이 표현했으며 피드백 자체의 효과에 대해서도 더 긍정적으로 평가했다.

이처럼 개선이 필요한 점이나 원치 않은 업무에 대한 지시를 할 때 공감 능력을 활용하는 것은 서로에게 도움이 된다. 이러한 관심은 듣는 사람을 감정적으로 더 위로할 수 있으며 내용 역시 효과적으로 전달된다. 단, 상대의 마음을 마치 다 안다는 듯이 말하지는 않도록 주의하자.

마지막으로 이보다 더 중요한 것이 있는데, 공감으로써 가슴을 뜨겁게 했다면 머리는 차갑게 식히는 것이다. 바로 상대에 대해 일반화하지 않는 것, 그리고 업무의 구체적인 내용에만 집중하는 것이다. 예를 들어 "A 씨는 보고서가 왜 맨날 형편없나요?"처럼 그 사람이 늘 그래왔다는 식으로 말하면서 '형편없다' 같은 주관적 표현을 하는 방식 말이다. 대신 "A 씨의 이번 보고서에서 이러이러한 세부 내용이 추가될 필요가 있다"처럼 지금 현재의 이슈만 구체적으로 다루는 것이 바람직하다. "왜 항상 지각하냐, 게으르다"가 아닌 "한 달간 적어도 세 번 이상은 지각을 했는데, 이 상황을 어떤 식으로 개선할 수 있을지 상의할 필요가 있다"는 식으로 의견을 전달할 때 우리는 개인을 공격하지 않으면서도 생산적인 논의를 할 수 있다. 그래도 상대가 기분 나빠한다면? 음, 어쩔 수 없다. 그 정도는 감수하자.

싫은 소리를 할 때는 피할 수 없는 고통이 따라오기 마련이다. 미움을 받는다면 그것은 자신이 지닌 영향력에 따라오는 세금 같은 것이다. 어차피 내야 하는 세금이라면 탈세가 아닌 절세할 수 있는 방법을 찾아보는 것이 어떨까?

이유 없이
그 사람이 싫은 이유

—————————————————————— ✳ 수동공격

◖●◗

부서에 미묘하게 신경을 긁는 사람이 있습니다. 이
를테면 이런 식인데요….

제가 잠시 자리를 비울 때 오간 업무 얘기를 먼저 말
해주는 법이 없어요. "중요한 얘기 있었나요?"라고
물어도 "글쎄요, 딱히…" 하다가 "혹시 ○○관련 얘
기는 없었나요?" 하면 그제야 얘기를 해줍니다. 회
의 때도 다들 잘해보자며 으쌰으쌰하면 늘 "글쎄요,

잘되면 좋겠지만 저희 마음대로 될지…"라며 말끝을 흐려요. 그럼 어떻게 하면 잘될 것 같은지 물으면 "저야 모르죠, 제가 무슨 힘이 있다고…"라며 또 힘을 빼놓습니다. 식사 메뉴를 고를 때는 아무 의견도 안 내더니 한주가 다 갔을 때쯤 "그런데 이번 주는 맨날 한식만 먹었네요? 항상 가던 데만 가는 것 같아요"라고 중얼거리는 소리를 들을 때면! 짜증이 치밀다가도 혹시 별뜻 없이 하는 말에 내가 과민한 건가 싶고, 콕 집어서 뭐라고 하기도 그렇고… 혹시 다들 이런 경험이 있나요?

누군가에게 부아가 치미는데 딱히 뭐라고 따져야 할지 모르겠는 상황은 생각보다 자주 있다. 아니면 어떤 말을 듣고 순간적으로 불쾌했지만 왜 불쾌한지를 설명하기는 어려웠던 적은? 당시에는 별생각 없었는데 곱씹을수록 기분이 상하고, 그런데 이걸 계속해서 곱씹는 스스로가 한심하게 느껴졌던 기억은? 단언컨대 이런 일을 겪어보지 않은 사람은 없을 것이다. 비슷한 경험이 가물가물한 당신을 위해 일터에서의 상황 몇 가지를 들어보겠다.

① 칭찬인지 비꼼인지 모를 알쏭달쏭한 말을 함
   예) "드디어 새 옷을 사셨나 보네요." "이번에 하신 프레젠테이션은 저번보다 낫네요."

② 스스로를 비하하는 표현을 습관적으로 씀
   예) 새 차를 산 동료 이야기가 나오자, "하긴 뭐 임 대리는 대단하신 분이니까… 저 같은 사람은 못 사는 좋은 차도 사시고 좋겠어요."

③ 어떤 일을 시키면 최소한의 것만 무성의하게 함
   예) 업무 관련 정보를 정리해 달라고 했더니 인터넷 사이트 하이퍼링크만 달랑 몇 개 전송

④ 끝까지 최대한 반응을 안 함
   예) 일을 나눠서 해야 하는 상황에서 메신저를 읽고도 가장 마지막 순간까지 묵묵부답

⑤ 일을 자주 미루거나 잊어버림
   예) 미팅에 필요한 자료를 제때 보내지 않고 재촉해야 부랴부랴 완성해서 또 부랴부랴 전달

⑥ 무언가 불만이 있어 보이지만 말로는 아니라고 함

　예) 뚱한 표정으로 한숨을 쉬며 키보드를 세게 두들기는
　데, 물어보면 별일 없다며 입만 웃음

어떤가? 이제 좀 떠오르는 기억이 있는가? 나열된 유형은 상대의 행동을 직접 지적하기에는 뭔가 애매하다는 공통점을 지닌다. 뭐든 미묘하고 애매한 게 제일 어렵다. 그리고 이것은 공격성이나 적개심을 간접적으로 드러내는 심리 기제를 의미하는 '수동공격(passive aggressiveness)'이라는 개념으로 한데 묶일 수 있다.

1945년 제2차 세계대전 당시 미군의 정신과 의사이자 대령이었던 윌리엄 메닝거(William Menninger)는 고의적인 무능력으로 임무를 회피하는 병사들에 대해 묘사하면서 처음 수동공격 현상에 대해 보고했다. 드러내놓고 반항적이지는 않으면서도, 반복적으로 명령의 수행을 미루거나 비능률적으로 처리하고, 일의 진행을 '은근히' 방해하는 행동을 하는 병사들에 대한 우려를 담은

표현이었다. 군대라는 특수한 집단에서의 관찰로 시작되었지만 지금은 일상에서도 자주 일컬어지는 현상이다.

지나치게 통제된 환경에 오랜 시간 노출되었거나 갈등 해결 기술이 부족한 경우 수동공격 경향이 더 강하게 자리 잡기 쉽다. 또 어느 정도의 분노와 공격성, 적개심은 사람에게 필연적인 감정인데도 그것을 품거나 표현하는 것이 용인되지 않는 환경의 영향을 받으면 자신의 감정을 은밀하면서도 미숙한 방식으로 드러낼 수밖에 없다.

왜 우리는 '조용한 암살자'가 되는가

수동공격은 어디에나 있다. 가족과 연인관계에서도 수동공격과 관련한 우스갯소리가 이미 많다. '세탁기 좀 돌려달라고 했더니 낑낑대면서 진짜 세탁기를 들어서 180도 돌리더라니까!', '애 좀 봐달랬더니 애가 다치든 말든 말 그대로 우두커니 서서 애를 쳐다만 보고 있더라!' 같은 배우자에 대한 농담이나 "나 화난 것 아니라 니까"라고 말하면서도 냉담한 표정으로 앉아 있는 연인에 대한 풍자는 모두 수동공격적 행동에 대한 묘사다.

그중에서도 직장은 수동공격이 일어나기 쉬운 대표적인 장소다. 하루 중 상당한 시간을 함께 부대껴야 하면서도 사적인 감정 표현이 그리 자유롭지 않은 공간이라는 점은 분노와 공격성을 은근한 방식으로 표출하게끔 만든다. 게다가 직급의 차이가 존재하기 때문에 자신의 의사를 직설적으로 표현하기가 어렵고, 지시에 대한 불만이 있더라도 하라면 해야 하는 곳이 직장이기도 하다(수동공격 개념에 대한 단서를 처음 제공한 곳이 군대였던 것을 떠올려 보자).

여기에 이메일이나 메신저 등을 많이 사용한다는 점도 수동공격 현상을 부추긴다. 간접적 소통수단은 자신의 부정적인 감정을 돌려 표현하기에 적합한 도구이기 때문이다. 또 의견을 직설적으로 말할수록 그에 따른 책임을 져야 하는 경우가 많으니 더더욱 진짜 생각은 감춰지되 부정적인 감정만 삐져나오게 되는 것이다.

그래서 일터에서 나도 모르게 수동공격 행동을 하는 사람은 그 나름의 사연을 가지고 있을 가능성이 크다. 제대로 보상이 주어지지 않는 시스템, 직설적으로 의견을 표현하면 비난받거나 모든 책임을 뒤집어쓰는 분위기에 놓여 있다면 수동공격적 태도를 안 보이기가 더 어려울 것이다. 특히 이런 행위는 상사의 '이중구속 메시지'를 꾸준히 받는 상황에 대응하기 위한 차악이 되기도 한다. 나서서 일하면 왜 마음대로 하냐는 지적을 듣고, 나서지 않고 있으면 꼭 시켜야 하냐는 말을 듣는 상황이 바로 그렇다. 안 물으면 왜 안 묻느냐고 하고 질문을 하면 그것도 아직 모르냐고 하면서 사람을 궁지에 모는 조직에서 아랫사람이 할 수 있는 행동은 당연히 제한적이다.

대부분의 수동공격은 무의식중에 일어나며, 일상에서 스스로를 방어하기 위한 하나의 전략이기도 하다. 그렇기 때문에 누구도 이 수동공격과 완전히 무관하다고는 할 수 없다. 예를 들어 하기 싫은 일을 미루는 건 대단히 인간적인 모습이 아닌가. 그래서 수동공격은 그 자체로 문젯거리가 되지는 않는다. 다만 이 방식을 누군가와 관계를 맺거나 일을 할 때 주된, 그리고 강력한 수단으로 사용하는 사람이 있다면 주변 사람뿐 아니라 자신까지도 힘들어질 수밖에 없다. 사람들이 점차 지치거나 참다 못해 폭발하면서 관계에 문제가 생기기 쉽고, 나 역시 스스로의 능력을 제대로 발휘하지 못하고 분노를 건강하게 해소하지 못할 것이다.

최선의 방어는 공격이 아니다

그렇다면 은근히 거슬리는 이 수동공격에 잘 대처하는 방법은 무엇일까? 먼저, 나 자신이 능동적인 공격자가 되어버리는 함정에 빠지지 않도록 주의하는 것이 중요하다. 수동공격자에 대한 분노가 가랑비에 옷 젖듯 쌓이다가 어느 순간 폭발해서 먼저 화를 내버리는 사람이 되는 것만큼 억울한 일은 없다. 사정을 잘 모르는 제삼자로부터 이 상황에서의 '유일한 공격자' 취급을 받게 된다면 너무나 억울할 것이다. 무엇보다 스스로가 자신의 참을성 탓을 하며 죄책감과 수치심을 느끼게 된다. 그러므로 아무리 장작이 쌓이고 거기에 기름이 부어져도, 스스로가 먼저 불을 댕기는 쪽은 되지 않도록 주의하자.

상대가 은근히 비아냥대는 듯한 느낌이 들 때는 그 의도를 가벼운 톤으로 확인함으로써 상대가 자신이 한 말의 뜻을 명확히 정리할 수밖에 없는 상황을 만드는 것이 좋다. 이때 너무 따지듯 묻지 않는 게 중요하다. 상대가 "드디어 새 옷을 사셨나 보네요"라고 했을 때 가볍게 울상 짓는 표정으로 "아이고, 제 이전 옷이 그렇게 별로였던 건가요?"라고 되물어보자. 그때 상대가 그런 뜻이 아니라고 한다면 그쯤에서 멈추자. 그 이상 더 물을 필요는 없다. 낮은 확률이지만 만약 상대가 "네 별로였어요"라고 한다면(맙소사!) 다시 한번 적당히 속상한 표정으로 "흑… 정말 서운하네요"라고 말하며 대화를 마무리하자. 이 상황에서 상대방은 나와 그 자리에 있던 모두에게 명백히 무례한 사람이 되어 있을 것이다. 그리고 이런 상황이 반복되면 상대가 수동공격적으로 말할 확률도 서서히 줄어들 것이다.

명확하고 구체적인 기준을 설정하고 정보를 투명하게 공유하는 방법도 유용하다. 업무 내용에 대한 모르쇠를 최대한 줄이기 위해 이메일 참조 등을 적극적으로 활용하면서 집단 안의 모든 사람이 업무 내용을 두루 공유하는 방식이 하나의 예다. 또한 이들에게는 "A 업무 관련 정보를 주세요"가 아닌 "A 업무 관련 정보의 내용을 A4 다섯 매 분량 이내로 요약하고 출처도 함께 보내주세요" 같은 식으로 요청사항을 구체적으로 정리하는 게 좋다. 모든 상황에서 이런 방식을 사용하면 자칫 마이크로매니징이 될 수 있으니 반복적으로 곤란함이 발생하는 부분에 한해 이렇게 구체적으로 접근하자.

상대가 능동적일 수밖에 없는 상황을 만드는 것도 도움이 된다. 회식 때는 모든 직원이 돌아가면서 메뉴를 정해보도록 한다거나 회의 때 반드시 내 생각을 '의견+대안'의 방식으로 말하도록 하는 것도 유용한 방법이다.

그러나 마지막으로 제일 중요하게 덧붙이고 싶은 말

이 있다. 만약 당신이 팀장인데 팀원들 대다수가 수동공격적이라고 느껴진다면… 나 혹은 일터의 시스템이 수동공격적 성향을 강화하고 있지는 않은지, 그것부터 점검해 볼 필요가 있다. 시작은 거기서부터임을 명심하자.

뒷담화의 진짜 역할

✳ 무례함

'태도나 말에 예의가 없다'

이것은 무엇에 대한 설명일까?

'또라이 총량의 법칙'이라는 말 혹시 들어보았는가? 어느 집단에나 일정 숫자의 이상한 사람은 반드시 존재한다는 농담조의 법칙이다. 지금 딱히 떠오르는 또라이가 없다면 바로 당신이 그 집단의 또라이일 가능성이 크다는, 뭐 그런… 장난 반 진심 반의 밈이다. 이처럼 또라이라 불리기도 하고 빌런이라 불리기도 하는 이 존재 때문에 주변 사람들은 스트레스를 받곤 한다. 앞서 이야기했던 수동공격적인 사람과는 달리 이 사람들은 너무나 뚜렷하게 불쾌감을 안겨주기 때문에 '내가 예민한 건가?' 하는 생각을 할 필요가 없다는 점에서 어쩌면 더 나은 부류일 수도 있겠다.

그런 의미에서 린 앤더슨(Lynne Andersson)과 크리스틴 피어슨(Christine Pearson)은 '일터에서의 무례함(workplace incivility)'을 하나의 사회적 스트레스 요인으로 분류하면서 이것을 '상호 존중을 위한 직장 규범을 위반하여 상대를 해치려는 모호한 의도를 가진 경미한 일탈 행위'라고 정의했다. 사람을 때리거나 공금을 횡령하는 수준까지는 아니지만, 동료의 의견을 무시하거나 과하게 거들먹거리거나 모욕적인 말을 하거나 상대를 직급 대신 '너', '저기', '그쪽' 등으로 부르거나 인사를 안 하거나 혹은 안 받아주거나 동료의 아이디어를 빼앗거나 하는 다양한 행위들이 여기에 포함된다.

무례함의 해악은 크다. 상대의 무례함에 속수무책으로 당하는 사람은 업무 성과가 떨어지는 건 물론이고 번아웃이 오거나 이직을 불사하기도 한다. 수많은 해악 중에서도 가장 안타까운 것은 바로 무례함의 전염이다. 그리고 그 무례함은 때때로 집단 밖의 고객을 향하기도 한다(!) 한번은 서로에게 퉁명스럽고 날이 서 있는 듯한 직원들이 일하는 식당을 방문한 적이 있는데, 나를 포함한 식당의 모든 손님을 그런 태도로 응대해 당황했었다. 주문받기를 귀찮아하거나 요청사항에 대해 어이가 없다는 듯 반응하는 모습을 보며 그들 사이에 전염된 무례가 밖으로 삐져나온 것 같다는 느낌을 받았다. 이런 상황에 다다르면 악순환이 이어진다. 고객은 만족스러운 서비스를 경험하지 못해 자주 항의할 것이며 그것에 대해 다시 서로를 비난하는 방식으로 무례함은 더 만연하게 된다.

2016년에 발표된 한 연구는 무례함이 얼마나 쉽게, 마치 감기처럼 전염될 수 있는지를 보여준다. 연구에 참여한 사람들은 인지 능력 관련 실험이라는 안내를 받고 설문지를 작성하고 있었다. 이때 참여자로 가장한 연기자가 실험실에 뒤늦게 도착했다. 한 집단에서는 연구팀 쪽 연기자가 그를 무례한 태도로 대했다. "지금 뭐하시는 거죠? 어떻게 이렇게 늦을 수 있나요? 당신 같은 사람은 나중에 대체 어떤 직업을 갖게 될지 궁금하네요. 너무 늦었으니 실험에는 참여할 수 없어요. 그만 나가주세요." 반면에 또 다른 집단의 연구팀 쪽 연기자는 그에게 "안타깝지만 지금 실험에 참여하시기에는 이미 너무 늦었네요. 나중에 연락을 주시면 참여 가능한 다른 실험이 있는지 알려드리겠습니다"라고 말하며 비교적 중립적인 태도를 취했다.

이런 상황이 지나간 후 단어 인지 테스트가 이루어졌는데, 연기자가 타박받는 상황을 지켜본 집단은 그렇지 않은 집단에 비해 '퉁명스러운', '천박한', '무뚝뚝한', '강요하는' 등 무례함을 암시하는 단어에 대한 반응속도가 더 빨랐다. 이 결과는 타인을 무례하게 대하는 모습을 목격하는 것만으로도 무례함과 관련한 무의식적인 인지 네트워크가 활성화된다는 중요한 의미를 담고 있다. 우리도 모르는 사이 일어나는 이 현상은 무례함이 전염되는 시작점이다.

또 다른 실험을 하나 더 소개하려 한다. 이 실험에서 참여자들은 두 명씩 짝을 지어 서로 협상을 한 뒤, 이어서 파트너를 바꿔가며 계속해서 협상하는 게임을 진행했다. 이 협상은 총 11차례에 걸쳐서 진행되었고 각 협상이 끝날 때마다 파트너에 대한 호감도를 평가하도록 했다. 그 결과, 이전 협상에서 무례한 파트너를 만났던 사람일수록 그다음 협상에서 새로운 파트너를 무례하게 대한다는 사실을 알 수 있었다. A가 B를 무례하게 대했을수록 B는 이후의 협상 파트너인 C를 대할 때 더 무례했다는 것이다. 무례함을 경험하면서 활성화된 무의식적 인지 네트워크가 그를 실제로 무례해지게 만드는 것이다.

무례함을 당한 사람이 타인에게 무례해지는 이 현상은 '사회적 교환 이론'으로도 설명된다. 사회적 교환 이론은 개인이 호의를 받으면 호의로 보답한다는 상호성의 규칙을 따른다고 가정한다. 흥미로운 것은 호의를 받은 사람이 자신에게 호의를 베푼 사람뿐만 아니라 전혀 상관없는 다른 사람에게 호의를 베풀기도 한다는 것이다. 물론 무례함도 마찬가지였다. 특히 조직에서는 마치 낙수효과처럼 직급이 높은 쪽에서 낮은 쪽으로 호의도, 무례함도 흘러내렸다. 높은 직급의 사람에게 자신이 대우받은 그대로 되돌려주는 것은 아무래도 어렵기 때문일 것이다. 이렇게 무례함은 전염되고, 위에서 아래로 흐르며, 고객을 비롯한 집단 밖의 인물로 향하기까지 한다.

모든 것은 부메랑처럼 되돌아온다

그래서 무례한 사람들과 함께하는 와중에도 나의 길을 뚜벅뚜벅 걸어나가기 위해서는 그 사람과 비슷한 태도를 지니지 않도록 주의를 기울여야 한다. 이건 "아유, 아무리 그래도 그런 인간이랑 똑같은 사람이 되면 안 돼!" 같은 도덕적인 차원에서 하는 말이 아니다. 무례함에 전염되는 것 자체가 스스로에게 손해이기 때문에 실용적인 차원에서 당부하는 말이다.

영국에서 이루어진 한 연구를 살펴보자. 참여자들은 컴퓨터 관련 주제로 회의하는 사람들을 관찰하면서 평가하고 그에게 업무를 할당하는 역할을 부여받았다. 이때 무례한 선동자를 연기하는 사람은 함께 회의하는 다른 사람에게 "그 아이디어는 정말 진부하네요"라고 말하는 식으로 시종일관 다른 사람을 무례하게 깎아내렸다. 그들을 관찰한 참여자들은 당연하게도 그를 좋아하지 않았을 뿐 아니라 그의 성과에 대해서도 부정적으로 평가했으며, 더 나아가 사람들이 별로 좋아하지 않을 만한 종류의 업무를 마치 처벌처럼 그에게 할당했다. 이처럼 사람들은 기회가 주어진다면 무례한 이를 응징할 준비가 되어 있다. 무례한 사람은 결국 어떤 식으로든 대가를 치를 확률이 몹시 높다는 것이다.

그렇다면 나에게 무례한 사람은 어떻게 대하는 것이 좋을까? 당해도 다른 사람들과 함께 당하자. 그것이 불가능하다면 다른 사람들이 있는 데서 당하자. 그것도 불가능하다면 나의 경험을 믿을 만한 사람에게 공유하자.

무례한 상황을 겪을 때 우리는 이중구속 메시지를 보내거나 수동공격을 하는 사람을 대할 때 못지않게 심리적으로 위축되거나 지나치게 상황을 곱씹을 수 있다. 그래서 나의 경험을 다른 사람과 공유하는 것은 꼭 필요한 행동이다. 무례함 때문에 느꼈던 고통스러운 감정을 공감받으며 어느 정도 해소할 수 있고, 심지어 어떤 무례함은 웃어넘길 수도 있게 된다.

이런 시도에 '뒷담화'라는 이름을 붙일 수도 있겠다. 놀랍게도 모든 뒷담화가 나쁜 것은 결코 아니며, 무례함을 겪는 이들이 같은 경험을 공유하는 것은 집단의 잠재적인 피해를 상당히 줄일 수 있다. 때로는 직장에서 뒷담화가 필요한 순간이 있는 것이다. '내가 그렇게 일을 못하나?', '내가 무시당할 만해서 당하는 건가?' 같은 불필요한 의문으로부터 빨리 빠져나오는 것만큼 현명한 방법도 없다. 무례함은 겪어도 함께 겪고, 혼자 겪었다면 공유하며, 대처법도 함께 생각하라. 무례한 사람으로부터 서로를 보호해 줄 방법은 없을지 의논하자. 그리고 무례함 때문에 입은 피해를 서로 복구해 주면서 우리는 저 사람처럼 행동하지 말자고 다짐하자. 이것은 무례함에 집단이 전염되는 것을 막는 방법이기도 하다.

　마지막으로 당부하고 싶은 것은 '뜨거운 맛을 보여 주겠다!'라며 상대를 응징하겠다는 생각에 너무 사로잡히지 말라는 것이다. 사이다 결말이야 모두가 원하는 것이지만 화끈하게 응징해 줘야 한다고 느낄수록 오히려 그렇게 해내지 못하는 스스로를 비하하거나 자책할 가능성이 크고, 무리해서 응징하려다가 그 무례함에 되레 전염돼 버릴 수도 있기 때문이다. 작정하고 무례한 사람은 어차피 우리가 이길 수 없으며, 이길 필요는 더더욱 없다. 그러니 편하게 생각하자. 지는 게 이기는 것이라는 말이야말로 이럴 때 사용하면 좋겠다.

좋은 팀이라는 건
대체 뭘까?

———————————————————— ✳ 갈등

◖◗

인사 개편으로 당신이 팀장으로 팀을 하나 맡게 되었다. 아래의 두 팀 중 당신이 더 가고 싶은 팀은 어디인가?

☐ 하루에도 여러 번 의견을 구하고 견해 차를 좁히느라 소란이 있다. 때로는 날카로운 말들이 오가기도 한다. 모두가 더 좋은 퀄리티의 작업물을 만

들어내기 위해 자신의 의견을 주장하는 데 주저함
이 없다.

□ 따뜻한 웃음과 다정한 말들이 오간다. 모두 좋은
성과를 내기 위해 애쓰고 있기 때문에 배려하고
양보하는 것이 습관이 되었다. 언제나 온화한 분
위기에서 회의가 진행된다.

사람이 있는 곳에는 언제나 갈등이 있다. 소소한 뒷
담화나 소문에서부터 얼굴 붉히며 오가는 언쟁과 각종
사내정치에 이르기까지 갈등은 다채로운 모습으로 나타
난다. 그러나 갈등이라는 단어가 긍정적으로 인식되는
경우는 별로 없다. 당신도 아마 '갈등'이라는 단어를 듣
자마자 기 싸움, 정치질, 라인 타기, 권모술수, 모함처럼
꺼림칙한 표현들을 함께 떠올렸을 것이다. 그러나 갈등
은 분명한 순기능을 가지고 있다. 나라의 주요 쟁점을 두
고 진행한 국민 투표에서 찬성률이 무려 100퍼센트로
집계되었다고 생각해 보자. 이 나라는 과연 갈등 없이 평

화롭고 이상적인 나라일까? 아마도 아닐 것이다. 갈등을 통해 서로의 관점 차이를 확인하고 지속적인 토론을 거치며 더 나은 해결책에 도달하는 과정은 건강한 사회라면 필수다.

아이가 성장하는 과정에서도 갈등은 필요하다. 의견이 다른 타인의 관점을 경험하고 자신의 주장을 정교하게 만들기 위한 고민을 하는 과정에서 인지능력과 도덕성이 발달한다. 갈등이라는 말을 들을 때 흔히 떠오르는 단어인 정치 역시 마찬가지다. 상호 이익이 되는 동맹을 형성하는 것, 권리를 주장하는 것, 누군가를 설득하기 위해 합법적인 범위 내에서 다양한 수단을 동원하는 것. 이 모든 것이 정치의 영역이다. 이것을 과연 나쁘다고만 할 수 있을까?

그런데 갈등이 이렇게 좋은 것이라면 대체 왜 우리는 갈등을 이렇게나 부정적으로 인식하고 있는 걸까? 그 이유는 현실에서 갈등이 우리 안에 존재하는 '분열(splitting)'이라는 방어기제를 너무나 쉽게 자극하기 때문이다. 분열은 어떤 사람이나 집단의 긍정적인 부분과 부정적인 부분을 마음에서 통합하지 못하고 그 대상을 아주 좋거나, 혹은 아주 나쁘게만 바라보게 되는 메커니즘이다. 이렇게 되면 대상을 지나치게 이상화하거나 평가절하하게 된다. 그래서 분열은 갈등이 생겼을 때 자신이 속한 집단을 선으로, 상대 집단을 악으로 분류하는 세계관을 만든다. 하나의 사안에 대한 갈등으로 시작된 문제는 어느새 분열의 방어기제 때문에 사람 대 사람, 또는 집단 대 집단의 갈등이 된다.

　이런 태도는 사실 아이들에게서 자연스럽다. 아이가 누군가에게 서운함을 느낄 때, 여태까지 그가 베푼 애정은 모두 잊은 채 "미워!"라며 토라지는 모습을 떠올리면 이해가 될 것이다. 그러다가도 금방 기분이 풀린 아이는 다시 다가와 안기곤 한다. 이렇게 무언가에 대한 양가감정, 즉 좋은 감정과 싫은 감정을 동시에 품은 채 견디는 일은 쉽지 않다. 그러나 커가며 우리는 점차 내 안의 분열을 거두고 양가감정을 받아들일 수 있게 된다. 그렇다 해도 사실은 아이였을 때보다 조금 나아지는 정도지 양가감정을 완전히 수용하기는 어렵다. 우리 안의 아이는 마치 흔적기관처럼 남아, 갈등이 시작된 계기와는 무관하게 편을 가르고 타인을 좋아했다 미워했다 오락가락하곤 한다.

갈등을 다루는 다섯 가지 방법

뿌리 깊은 방어기제의 영향을 받는 만큼 갈등을 다루는 일은 참으로 쉽지 않다. 심리학자 아프잘루르 라힘(Afzalur Rahim)은 '나에 대한 관심'과 '타인에 대한 관심' 정도에 따라 각기 다른 다섯 가지 갈등관리 방식이 발휘된다고 말했다. 이 방식은 크게 통합, 지배, 순응, 회피, 타협이다. '통합'은 나의 욕구와 상대의 욕구 모두에 높은 관심을 보이며 갈등을 해결하려는 접근법이다. 한마디로 서로 윈-윈할 수 있는 지점을 찾는 방법이다. 그러기 위해서는 보통 갈등을 직면해야 한다.

'지배'는 나의 욕구에만 관심이 있고 상대의 욕구에는 관심이 없는 경우다. 권한으로 찍어 누르거나, 자신의 세력을 형성하고 사람을 포섭하며 소문을 내는 사람이 여기에 해당한다.

나의 욕구보다 상대의 욕구에 더 관심을 두는 사람은 상대에게 무조건 맞춰주는 '순응'의 전략을 취한다. 이 방식을 사용하는 사람은 겉으로는 평온해 보이지만 착취되거나 조종당하기 쉬우며, 심리적인 고통을 받을 뿐 아니라 실질적인 손해를 보기도 쉽다. 이를테면 실적에 제대로 잡히지도 않고 사람들이 잘 알아주지도 않는 업무를 유독 도맡게 되는 식이다.

나와 타인의 욕구에 관한 관심이 모두 낮은 경우에는 '회피' 전략을 취하게 된다. 이 유형의 사람들은 갈등을 무조건 피하고 외면한다. 이들은 찬성 의견도 반대 의견도 내지 않으면서 묵묵부답하곤 한다. 이때 상대는 갈등 해소의 기회를 찾지 못해 좌절감을 느낄 수 있고, 회피하는 사람 역시 중요한 의사결정에서 밀려나거나 자신의 이익을 제대로 지키지 못해 소외감을 느낄 수 있다.

마지막으로 '타협'은 나와 상대의 욕구에 관해 많지도 적지도 않은 관심을 보이며 모든 일을 적당히 좋게좋게 하려고 하는 전략이다.

각자 자신이 갈등 상황에서 어떤 태도를 많이 취하는지를 생각해 보자. 직급이나 갈등의 내용에 따라 달라지기도 하겠지만 대부분은 선호하는 방식이 하나쯤 있을 확률이 높다. 일터 밖에서의 관계, 즉 가족이나 친구, 연인 사이에서 보이는 내 모습에도 적용해 볼 수 있다. 나는 갈등이 생겼을 때 그 자리에서 나와 상대가 원하는 바를 열심히 공유하며 해결책을 찾기를 원하는가?(통합) 나를 어떤 식으로든 정당화하고 상대를 이기려고 드는가?(지배) 갈등의 내용과는 관계없이 무조건 수그리고 맞춰주는가?(순응) 잠수를 타거나 동굴 안으로 숨어 들어가

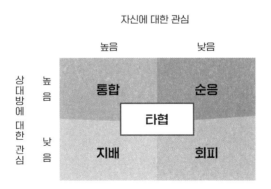

자신에 대한 관심

		높음	낮음
상대방에 대한 관심	높음	통합	순응
		타협	
	낮음	지배	회피

는가?(회피) 아니면 서로 적당한 선에서 좋게좋게 양보하자고 말하는가?(타협)

　만약 순응과 회피의 방식을 주로 사용한다면 삶에서 갈등이 원만하게 해결되지 못하고, 반대로 위협으로 다가왔던 기억을 많이 가지고 있을 확률이 높다. 갈등이 시작됐다 하면 그중 누군가가, 또는 모두가 비참해지는 결말을 목격한 경우가 그렇다. 반면 지배의 방식을 주로 사용한다면 한쪽이 다른 한쪽을 윽박질러 이기는 모습을 자주 보면서 그것이 거의 유일하게 가능한 갈등 해결 방식이라고 생각하게 되었을 가능성이 있다. 가족과 또래 집단 안에서 그간 어떤 방식의 갈등을 목격하고 그 갈등에 어떻게 연관되었는지를 떠올려 보자. 내가 왜 이런 갈등 해결 방식을 주로 사용하게 되었는지 이해할 수 있게 될 것이다.

도망치거나 받아들이거나

그렇다면 우리는 피할 수 없는 갈등을 어떤 태도로 마주해야 할까? 가장 먼저 필요한 것은 도망쳐야 하는 갈등과 어쩔 수 없는 갈등을 구별하는 일이다. 안타깝지만 분열의 방어기제가 만연한 집단에서는 최대한 벗어날 기회를 엿보는 수밖에 없다. 함께 모여 있다가도 한 사람이 자리를 뜨면 바로 그 사람에 대한 험담의 장이 열리는 곳, 자기 사람이 아니면 음해하고 끌어내리려는 시도가 늘 이루어지는 곳, 집단의 모든 리더가 자기 사람을 우르르 몰고 다니며 파벌을 형성하는 곳… 이런 곳은 긍정적인 의미에서의 갈등을 가까운 시일 내로는 경험하기 어려운 집단이다. 그러니 기회만 되면 부서 이동이든 이직이든 반드시 안전한 곳으로 탈출하기를 권한다.

다행히도 당신이 속한 곳이 이 정도까지는 아닌 것 같다면 어느 곳에서나 갈등은 있을 수밖에 없다는 사실을 기억하면서 그 갈등 상황에 어떻게 대처할지를 고민해 보자. 지배적인 방식으로 갈등관리를 하는 사람은 나에게 그런 면이 있다는 것을 보통은 알아차리기 어렵지만, 동료들이 함께하기를 피하거나 곁에서 떠나가는 일이 여러 차례 반복된다면 진지하게 스스로를 돌아보고 상대방의 마음을 헤아리는 연습을 해보자.

순응이나 회피의 방식을 자주 사용하는 사람들은 일하며 나만 유독 부당한 손해를 보고 있지는 않은지, 원인 모를 번아웃을 겪고 있지는 않은지 반드시 돌아보라. 갈등을 대처하는 방식과 강한 연관이 있기 때문이다. 이런 사람들에게 꼭 건네고 싶은 말이 있다. 끝없이 맞춰주다 보면 상대나 조직이 나의 이 묵묵한 성실함과 진심을 언젠가는 알아줄 것이라 생각하는가? 혹시라도 그런 마음이라면 한시라도 빨리 그 마음을 내려놓는 것이 좋겠다. 아마도 당신의 행동은 고마움이 아닌 당연함으로 치부되고 있을 가능성이 크다.

갈등 안에서 잘 살아남기 위해서는 내가 어떤 부탁까지는 수용하고 어떤 부탁부터는 거절할지, 사생활은 어디까지 개방할지 등에 대한 기준을 미리 정해두는 것이 좋다. 되도록 갈등의 순간을 맞닥뜨리기 전에, 또는 갈등이 지나갔더라도 다음 갈등을 마주하기 전에 기준을 마련해 놓을 필요가 있다. 그런 뒤 아주 작은 사안에서부터 시도를 해보자. 상대가 실망하거나 서운해하더라도 이런 반응을 몇 번 견디다 보면 갈등 상황에서 점차 나의 욕구를 조금씩 더 지켜나갈 수 있을 것이다. 그리고 이것이 내가 즐겁게 오래 일할 수 있는 방법임을 알게 될 것이다.

살펴본 바와 같이 인간의 삶에서 갈등은 불가피하다. 피할 수 없다면 잘 다루어나가는 것이 이 문제의 유일한 답이다. 그러니 앞서 물었던 두 개의 팀 중 어느 팀의 팀장이 될지는 사실 그리 중요한 문제가 아니다. 갈등의 빈도와는 별개로 당신이 갈등을 어떤 방식으로 관리하는 팀장인지가 여기서는 관건이 될 것이다.

연기만 늘어가는
당신을 위해

✳ 감정노동

표정관리의 시간이 또 찾아왔다. 사수와 함께하는 점심시간은 정말이지 고역이다. 재미도 의미도 없는 농담에 일일이 반응해 줘야 하는 건 물론이고, 더 견디기 힘든 건 사수가 하루가 멀다 하고 정치적인 발언을 한다는 점이다. 그러면서 은근슬쩍 내 생각을 묻는데, 조금만 망설이면 "네 생각은 많이 다른가 보네?" 하며 묘한 표정을 짓는다. 세상 돌아가는 일에 관심 없고 아무것도 모르는 사람인 척하는 게 먹히는 것도 하루 이틀이다.

✖

'뇌에 힘준다'라는 표현을 들어본 적이 있는가? 본능을 억누르고 최대한 의지를 발휘해 말이나 행동을 조절하는 것을 의미하는 유행어다. 뇌는 사람의 의지로 조절할 수 있는 근육이 아니기 때문에 글자 그대로만 보면 틀린 말이지만 사실 이 말만큼 감정노동을 잘 드러내는 표현도 없는 것 같다. 직장생활에서도 '뇌에 힘을 주고' 표정과 말투, 단어를 다듬는 과정이 빠질 수 없다.

지금은 익숙해졌지만 '감정노동'이라는 개념은 그리 오래되지 않은 1980년대에 비로소 등장했다. 사회학자 앨리 러셀 혹실드(Alie Russell Hochschild)는 항공사 승무원들을 관찰하며 '다른 사람들의 기분을 좋게 해주기 위해 자신의 감정을 고무시키거나 억제하는 식으로 다스려 표정이나 신체를 통해 외부에 드러내는 행위'를 감정노동이라고 처음 정의했다. 혹실드는 승무원들이 기내

복도 사이로 무거운 기내식용 손수레를 끄는 육체노동과 비상 탈출 상황에 대비하는 정신노동을 수행하는 것 말고도 승객들에게 즐겁고 안전한 곳에서 충분히 배려받는다는 느낌을 주기 위해 억지로 미소 짓고 상냥한 말투를 사용하는 등의 감정노동을 해야 한다는 사실을 발견한 것이다. 그 이후 마침내 감정노동에 대한 활발한 연구가 시작되었다.

그렇다면 감정노동은 왜 우리를 힘들게 하는 걸까? 그 괴로움은 내가 실제로 느낀 감정과 상대에게 드러내야 하는 표현 사이의 간극에서 시작된다. '감정 부조화(emotion dissonance)'라고 부르는 이 간극이 생기는 순간 우리는 순간적으로 갈등에 빠지면서 긴장한다. 차를 타고 갈 때 눈으로 보이는 풍경과 귀의 전정기관으로 전해지는 정보 사이에 간극이 생길 때 멀미가 나는 것처럼 말이다. 우리 마음에도 일종의 멀미가 나버리는 것이다. 그 긴장감은 우리를 소모시키고 고통스럽게 만든다.

그렇다면 상대를 마주하며 순간적인 내적 갈등을 다루는 동안 우리 안에서는 어떤 일이 일어날까? 일단 부정적인 생각이 겉으로 드러나지 않게끔 최대한 숨기는 것이 가장 보편적인 대응이다. 이때 받는 스트레스는 물론 어마어마하다. 그리고 이 과정을 반복할수록 어떤 사람들은 자신을 이중적이거나 가식적인 사람이라고 여기기도 한다. 자기 비난으로 이어지기 쉬운 상황이 만들어지는 것이다.

그러나 이 간극이 잘 다스려지지 않아 마음의 소리가 있는 그대로 드러나는 경우에 그것대로 우린 꽤나 곤란한 상황을 맞이한다. 실제로 손해를 입을 수 있을뿐더러 이런 경험이 반복될수록 우리는 본능적인 감정 자체가 위험하고 부적절한 것이라고 생각하면서 자기 감정을 두려워하게 될 수도 있다.

감정노동이 힘든 이유는 더 있다. 회사에서 극심한 감정노동을 해낸 후 집에 돌아와 사소한 일로 가족에게 짜증을 낸 뒤 후회해 본 경험은 누구나 한 번쯤 있을 것이다. 이렇듯 자신의 억눌려 있던 부정적인 감정을 편한 사람에게 분출한 뒤에 밀려오는 자책감 역시 감정노동이 고통스러운 이유다.

강도 높은 감정노동을 해야 하는 상황이 반복되면 자신의 가치를 저도 모르게 점점 낮추게 될 수도 있다. 상대가 나를 무례하게 대하고 마음대로 규정하는 게 부당하다고 느끼면서도 나를 향한 상대의 태도를 나도 모르게 내면화하여 아이러니하게도 그 사람의 생각대로 나 자신을 바라보게 되는 것이다. 이것이 바로 감정노동의 가장 슬프고 안타까운 결과다.

우리 안의 아이들

이제부터는 우리가 감정노동을 할 수밖에 없게끔 만드는 사람들에 대해 알아보자. 그걸 왜 알아봐야 하냐고? 누군가를 이해하는 것은 용서하는 것과는 완전히 다르기 때문이다. 그들을 더 잘 이해할수록 우리는 더 나은 방법을 찾아낼 수 있다.

놀랍게도 사람을 무시하는 이들의 이면에는 거절당할까 봐 두려워하는 마음이 자리하고 있다. 자신이 상황을 바꿀 만한 힘을 갖지 못한 약한 존재라는 무력감 역시 존재한다. 그래서 분노나 비아냥, 무례함을 탑재하게 되는 것이다. 아이가 마트에서 장난감을 사달라고 조르다 못해 드러누워서 팔다리를 휘젓는 장면을 떠올려 보자. 아이에게는 장난감을 살 수 있는 돈도, 힘도 없다. 부모님의 허락 없이 장난감을 손에 넣는 일은 불가능하다. 그래서 필사적으로 몸부림치는 것이다.

물론 아이일 때는 큰 문제가 없다. 문제는 모든 성인에게는 아이일 때 겪었던 이 감정과 몸부림이 여전히 뿌리 깊게 각인되어 있다는 것이다. 그러다 감정적으로 취약한 상태가 되면 (우리가 성인임을 잠시 잊은 채) 그때의 감정이 다시금 솟구치는 것이다! 이제는 그때처럼 무력한 존재가 아님에도 무의식중에 자신을 힘없는 존재처럼 느낀다. 그리고 그 순간, 자신이 상황을 통제하고 있다는 느낌을 받기 위해 다른 사람을 비난하거나 나의 지위를 부적절하게 사용한다.

이런 심리적 메커니즘은 우리 모두의 마음속에 있으나, 각자의 경험은 다양하므로 그것이 표현되는 방식과

정도에는 차이가 있다. 어린 시절에 느꼈던 강렬한 감정일수록 더 강한 힘을 가지고 소환된다. 여러 연구에서도 '나는 언제든 무시당할 수 있는 존재다', '남을 믿으면 반드시 상처 입게 된다' 등 어린 시절에 형성된 나와 세상에 대한 부적응적인 믿음이 잘 조절되지 않는 경우에는 성인기에도 비슷하게 드러나며 삶의 방식과 대인관계에도 강한 영향을 주는 것으로 관찰되었다.

나를 보호하는 연기 수업

그렇다면 우리는 감정노동에 처하는 상황에서 나를 더 잘 보호하기 위해 어떤 전략을 취해야 할까? 두 가지 전략을 소개해 보도록 하겠다. 첫 번째는 내면의 감정은 그대로 가지고 있으면서 표현은 상대에 맞춰서 해주는 '표면연기(surface acting)'다. 예를 들면 상사의 말에 속으로는 '또 한심하고 재미도 없는 소리나 하고 앉아 있네. 그렇게 쳐다보면 어쩔 건데?'라고 생각하면서 겉으로는 웃으며 "하하, 선배 완전 웃겨요. 그런 재미있는 얘기는 어디서 알아 오시는 거예요?"라고 말하는 것이다. 아마 모두에게 익숙한 방법이리라 생각한다.

두 번째는 드러나는 표현뿐만 아니라 내면의 감정까지 조절하는 '내면연기(deep acting)'다. 별것도 아닌 일로 생트집을 잡는 상사에 대해 '그래, 내 앞에서 인상을 찌푸리는 저 사람도 이렇게 되기까지 여러 가지 상처들이 있었겠지'라고 생각하고 연민을 느끼려 노력하면서 겉으로도 상냥한 태도를 유지하는 것이 바로 내면연기라고 할 수 있다. 어떤가, 이 방법은 조금 낯선가?

두 전략에는 각각의 장단점이 있다. 두 가지 전략 중 어떤 것이 우리의 건강에 더 이로운가에 대해서도 다양한 의견이 있기 때문에 무엇이 더 낫다고 단정 지을 수는 없다. 그래서 하나의 전략만을 고수하기보다는 상대에 따라, 그리고 나의 컨디션에 따라 표면연기와 내면연기를 함께 시도해 보는 것이 좋다. 그럼 어떤 경우에 표면연기를 하고 어떤 경우에 내면연기를 하는 게 좋을까?

먼저 표면연기는 권력을 가진 사람에게 하는 것이

낫다. 꼰대 상사에 대한 뒷담화를 떠올려 보면 이해가 쉬울 것이다. 폭력적이지 않은 수준의 가벼운 뒷담화는 실제로 구성원의 심리적 괴로움을 어느 정도 해소해 준다. 꼰대 상사의 성대모사까지 해가며 애환을 나누다가 다시 상사를 대할 때는 상냥하고 예의 바른 팀원의 모습으로 돌아가 보자. 영화제 주연상급의 표면연기를 하는 나에 취해보는 것도 나쁘지는 않겠다.

반면에 내면연기는 인간적인 연민을 느낄 만한 여지가 있는 상대에게 시도해 보자. 물론 모든 이에게는 연민을 느낄 만한 구석이 아주 조금씩은 있다. 모두 가지고 있을 법한 외로움과 두려움 같은 인간적인 취약함을 떠올려 보는 시도를 해둔다면 언젠가 반드시 도움이 될 것이다. 한 명에게 표면연기와 내면연기를 모두 다 시도할 수도 있다. 이때는 내면연기를 통해 감정의 부조화를 어느 정도 줄인 후 표면연기를 하는 것이 가장 좋은 순서일 것이다.

도망쳐도 괜찮다

그런데 이 모든 전략을 시도하기에 앞서 우리는 자신이 꽤나 쉽지 않은 상황에 놓여 있으며 아주 수고스러운 일을 하고 있다는 사실을 스스로에게 분명하게 알려줘야 한다. 내가 언제든지 지칠 수 있다는 사실을 잘 알고 있어야 한다. 그리고 그럴 때를 대비해서 내가 하고 있는 일이 어떤 의미가 있는지, 내가 일에서 얻고자 하는 것이 무엇인지를 평소에 충분히 생각하고 마음속에 새겨두는 것이 좋다. 나의 가치를 나도 모르게 평가절하하려고 할 때마다 마음의 주머니에 손을 넣어 만져볼 조약돌 같은 것들이 있어야 한다는 말이다. 오로지 돈이라는 의미만 남아 있더라도 괜찮다. 어쨌든 지금 이 순간 내게는 그것이 필요하고 소중하기 때문에 하루하루 이렇듯 애쓰고 있는 것 아니겠는가.

마지막으로 꼭 강조하고 싶은 방법이 있다. 바로 도망치는 것이다. 물론 무작정 치는 도망이 아니라 '신중한 도망'이다. 감정노동은 스펙트럼 같아서 어디에서도 완전히 피할 수는 없지만 동시에 감정노동의 강도가 유독 심한 관계나 업무는 분명히 존재한다. 비슷한 상황에서 다른 이들에 비해 특히 더 심한 괴로움을 반복적으로 느끼고 있다면 그 일과 환경이 당신에게 맞지 않을 가능성이 있다. 감정노동을 견디지 못하는 나를 질책하는 대신(뭔가를 견디지 못하는 건 질책당할 일이 아니다) 격려하면서 나에게 맞는 환경을 계속해서 찾으려고 노력해 보자. 도망치면 안 되는 것 아니냐고? 도망치는 것이 뭐 어떤가. 도망은 나쁜 것이 아니다. 나의 인생을 잘 가꾸고 지키는 데 반드시 필요한 태도다. 언젠가는 우리 모두 뇌에 너무 힘주지 않아도 괜찮은 날이 오기를 진심으로 바란다.

무엇도 해보지 않은 지금보다 무엇 하나라도 시도해 보았을 때

우리의 상황은 훨씬 더 나아져 있을 것이 분명하다.

Part 3

일을 잘하려면
어떤 마음이어야 할까?

결국 우리는 성과를 내야 한다

설득이 성과를 좌우한다

회의를 한 번만 해도 수없이 많은 의견들이 쏟아진다. 듣고 보니 그런가 싶은 의견도 많고 당장이라도 반박해 내 편으로 만들고 싶은 사람도 많다. 당신은 이 판에서 주로 설득하는 사람인가, 설득당하는 사람인가? 주로 설득하는 사람이라면 이 글은 넘어가도 좋다. 그러나 그 반대라면… 잠시 집중해 보자.

기대했을지 모르겠지만 본론부터 말하자면 상대를 무조건 내 편으로 넘어오게 하는 비법 같은 건 없다. 설득은 어려운 일이다. 우리가 대체로 설득을 하고 싶지 설득되고 싶지는 않다는 사실 자체만으로 설득은 어려운 일일 수밖에 없다. 그렇기에 설득의 기술을 담은 수많은 책과 콘텐츠가 넘쳐나는 것이다. 그런데 원래도 어려운 이 행위를 훨씬 더 어렵게 만드는 것이 있다. 바로 설득에 대한 우리의 진짜 속마음이다. 이것부터 생각해 보자. 당신은 상대에게 내 의견을 관철하는 것이 진정으로 서로에게 좋은 일이라고 믿는가? 아니라면 실은 나에게만 좋은 일이라고 생각하는가?

나를 설득하는 게 먼저다

우리가 설득을 실제보다 훨씬 더 어렵게 느끼는 이유는 설득을 조종, 조작 혹은 통제와 구별하지 못하기 때문이다. 보통 사람들은 남을 조종하는 행위에 불편함을 느낀다. '타인의 마음을 사로잡는 기술'이라는 제목의 영상을 나도 모르게 클릭하면서도, 다른 한편으로는 자신이 누군가를 조종할 수 있다는 사실을 두려워한다. 타인을 통제할 힘을 원하면서도 두려워하는 양가감정을 갖는 것이다.

모순되어 보이지만 이런 마음이 드는 것은 우리 안의 '초자아(superego)' 때문이다. 도덕성과 관련한 자기검열 기능을 수행하는 이 초자아는 생각보다 강력해서, 자신이 누군가를 속이는 것만 같을 때 (실제로 속이는 게 아니더라도) 괴로움을 느낀다. 물론 남이 어떻게 되든 알 바 아닌 사람도 있기는 하지만, 대부분의 보편적인 사람들은 그렇다. '나도 누군가에게 조종당하기 싫은데, 그런 내가 누군가를 조종하려 하다니!' 하며 불편한 마음을 갖는 것이다. 우리는 의외로(?) 타인에게 모질지 못하다.

그래서 누군가를 설득하기에 앞서 가장 먼저 필요한 과정은 나를 설득하는 일이다. 내가 하려는 제안이 상대와 나 모두에게 이롭다는 사실을 설득하는 것이다. 그래야 찜찜한 마음 없이 누군가를 설득할 수 있다. 설득과 조종의 차이는 그 너머의 의도에 있다. 설득은 상대를 존중하는 마음으로 무언가를 제안하는 행위지만 조종은 상대의 취약점을 이용해 기만하는 행위다. 스스로 다시 묻고 확인하자. 나는 지금 설득을 하려는 것인가, 조종을 하려는 것인가? 그 질문에 대한 생각이 정리되어야 설득에 꼭 필요한 요소인 자신감이 생겨난다. 이 제안이 서로에게 도움 된다고 믿는 것만큼 나를 자신 있게 만들어주는 무기는 없다.

연봉을 올려달라고 설득하는 경우를 생각해 보자. 연봉을 올려주는 만큼 내가 더 책임감을 가지고 기쁘게 일할 수 있다면 그것은 나에게도 고용인에게도 좋은 일이다. 누군가에게 사귀자고 고백할 때도 마찬가지다. 자신이 좋은 연애 상대가 아니라는 불안이 있다면 상대방을 제대로 설득할 수 없다. 이런 내게 상대가 넘어올 리 없다고 지레짐작할 것이고 설사 상대가 넘어온다고 해도 그건 그를 속이는 셈이기 때문이다. 나와 연애하면 상대가 행복해진다는 자신이 있을 때만 우리는 단단한 설득을 할 수 있다. 만약 내가 설득하려는 내용이 상대에게 조금도 도움이 안 되고 심지어 해가 되는 내용이라면? 그런 설득은 시도하지 않는 것이 낫다.

메시지를 담는 그릇이 중요한 이유

이렇게 내가 설득되어 이제 상대를 설득할 자신감을 얻었다면 다음은 설득하려는 내용을 전달하는 방식에 주의를 기울이자. '개떡같이 전해도 찰떡같이 알아듣겠지?' 하는 기대를 해서는 안 된다. 찰떡같이 전해도 모자랄 판이다. 특히 지나치게 흥분한 모습을 보이는 건 불리하다. 아무리 진심 어린 메시지를 전하더라도 메신저가 흥분해 있으면 듣는 이는 그 모습에 압도되어 정작 메시지를 제대로 수용하지 못할 것이다. 심지어 방어적인 태도를 취할 수도 있다. 아무리 내가 열을 올리며 말해도 상대는 '이 사람 화가 났네?', '왜 이렇게 안절부절못하지?'라고만 생각할지 모른다. 우리는 눈앞의 사람이 흥분해 있을 때 본능적으로 불안함을 느끼며 그 사람으로부터 나를 보호하기 위해 최선을 다하기 때문이다.

그다음으로 언어 구사 방식도 점검해 보자. 지나치게 자주 머뭇거리거나("어…", "음…") 울타리 표현("어쩌면", "아마도")을 자주 쓰고 말꼬리를 흐리시는 않는가? 이런 방식으로 이야기하는 것이 메시지의 힘을 떨어뜨린다는 사실은 실험으로도 증명되었다.

이 연구에서는 개인의 이득이나 손해와는 무관한 내용의 주장이 전달되는 방식에 따라 설득력에 어떤 차이를 보이는지 관찰했다. 주장은 참여자들과는 전혀 무관한 내용으로, 어떤 대학교의 모든 고학년이 종합시험을 치러야 한다는 것이었다. 두 집단 모두에 똑같은 문장의 주장을 전달했는데, 차이가 있다면 한 집단에는 자신 없어 보이고 머뭇거리는 표현을 추가했으며 다른 한 집단에는 그런 표현을 사용하지 않았다는 점이다. 그런데 주장을 서면으로 전하든 음성으로 전하든 참여자들은 후자의 메시지를 더 신뢰했으며 그 주장에 동의했다.

그러니 메시지를 담는 그릇인 나의 감정 표현과 언

어 표현을 진정성 있되 담백하게 하자. 익숙하지 않다면 처음에는 오히려 로봇처럼 딱딱해질 수 있으니 연습이 필요하다. 제안에 자신감이 있다면 표현 역시 더 자연스럽게 간결해질 수 있을 것이다.

전문가를 활용하자, 유명하다면 더 좋다!

한때 아무 말, 예를 들어 '아침에 일어나서 먹는 햄버거가 제일 맛있다'를 유명인, 예를 들어 유명 요리사 고든 램지의 이름과 얼굴 옆에 그럴듯하게 합성해 만든 이미지가 유행한 적이 있다. 전문가, 특히 유명한 전문가의 말이라면 일단 신뢰하고 보는 대중의 심리를 풍자한 유머다. 그만큼 전문성 있는 유명인의 힘은 강력하다. 이것을 활용하자.

여기 유명인의 전문 분야와 연관된 자극을 받을 때 사람들의 신뢰도와 호감도가 얼마나 높아지는지에 관한 연구가 있다. 실험 참여자들에게는 첫날 유명인의 사진과 특정 제품의 사진을 나란히 놓고 보여줌으로써 자극을 주었다. 유명인의 전문 분야와 관련이 있는 제품, 예를 들어 테니스 선수 안드레 애거시(Andre Agassi)와 운동화 사진을 보여준 것이다. 그리고 그의 전문 분야와 무관한 제품, 예를 들어 안드레 애거시와 술 사진도 보여주었다. 이때 참여자의 뇌 영역이 각각 어떻게 활성화되는지를 측정하기 위해 fMRI를 촬영하였는데, 배외측 전전두피질(DLPFC, Dorsolateral Prefrontal Cortex), 전대상피질(anterior cingulate cortex), 상측두구(superior temporal sulcus) 등 사회적 맥락 및 신뢰도와 관련한 뇌 부위가 활성화되는 것이 관찰되었고 특히 유명인의 전문 분야와 연관된 제품을 볼 때 가장 활성화되었다. 다음 날에는 참여자들에게 전날 보여주었던 제품과 한 번도 보여주지 않았던 제품을 무작위로 섞어 수백 장 제시하면서 제품에 대한 선호도를 측정하였다. 연구 결과 참여자들은 유명인의 전문 분야와 관련된 제품일수록 가장 높은 신뢰도와 호감을 느끼는 것으로 나타났다.

어떤가. 이것이 인간의 보편적인 마음이다. 그러므

로 거짓이 아닌 범위 내에서, 유명한 전문가들이 축적해 놓은 신뢰도와 권위에 의존하고 싶어 하는 사람들의 심리를 공략하자. 그들의 이미지와 발언을 활용할 수 있다면 십분 활용하자.

'설득의 심리학'을 참고할 때는 신중하게

이른바 '문간에 발 들여놓기 기법(foot-in-the-door technique)'이라는 것이 있다. 상대에게 큰 부탁을 하고 싶을 때, 먼저 작은 부탁부터 해서 상대가 들어주도록 한 뒤 나중에 큰 부탁을 하는 방식을 말한다. 실제로 효과가 증명된 방법이며, 많은 인터넷 사이트가 우리에게서 개인정보를 얻을 때 사용하는 방식이기도 하다. 처음에는 적은 양의 사소한 개인정보만을 요구하지만, 다음에는 본격적으로 더 많은 정보를 요구한다. 상대는 처음 개인정보 활용에 동의하는 순간 이미 심리적 저항이 낮아진 상태이기 때문에 두 번째로 개인정보 활용을 요구받았을 때 큰 거부감 없이 동의해 주게 된다.

　그러나 이런 설득의 심리학이 모든 경우에 예외 없이 통하는 것은 결코 아님을 기억해야 한다. 특히 누군가에게 일대일로 직접 부탁을 할 때, 상대는 '이번에 이 정도 부탁을 들어주면 나음에 더 이상의 부탁은 하지 않겠지'라고 생각하고 있을 수도 있다. 그런 참에 더 큰 부탁을 받게 되면 상대는 오히려 불편함을 느끼면서 제안을 거절할지도 모른다.

　내가 설득하고 싶은 사람과 비슷한 점을 찾아내 친근함을 표현하면 상대가 관대해질 수 있다는 '유사성의 법칙'도 마찬가지다. 같은 학교 출신임을, 또는 상대와 같은 취미를 가지고 있음을 어필하려는 노력은 효과적일 때도 있지만 예상치 못하게 상대가 민감해 하는 부분을 건드릴 수도 있다. 그리고 이는 오히려 역효과를 불러온다. 권위적인 사람을 설득할 때는 더 조심해야 한다. 나와 같은 취미를 가졌다는 사실에 반가워하는 사람도 있겠지만 누군가는 '그래서 어쩌라는 거지, 나와 맞먹으려는 건가?' 하는 식으로 꼬아서 생각할 수도 있다. 그러니 잘 알려진 설득의 기술을 사용할 때는 반드시, 반드시 신중하게 고민해 본 후 실행에 옮겨야 한다.

중요한 발표에서 써먹는
마음의 법칙

————————————— ✳ 발표의 심리학

◖▮◗

머리가 아이디어로 가득 차 있고 사람들을 감동시키
고자 하는 마음만 있다면 이러한 부차적인 디테일은
신경 쓰지 말고 그냥 내버려두어도 좋다. 연설에서
가장 중요한 것은 마음이지 손이나 발의 위치가 아
니다.

_ 데일 카네기

◖▮◗

'발표 울렁증 극복하는 법', '발표 잘하는 법', '사람들 앞에서 긴장하지 않는 법'… 조금만 검색해 봐도 관련 영상들이 쏟아져 나온다. 그만큼 사람들 앞에서 말하는 일은 많은 이들에게 쉽지 않은 도전이라는 뜻이다. 우리 중 대다수는 발표하는 행위를 불안해 한다. 그 정도에 차이가 있을 뿐이다. 갑자기 준비 없이 수백 명 앞에 서서 5분간 연설해야 하는 상황이 다가왔을 때 평소 같은 마음가짐으로 차분하게 임할 수 있는 사람이 몇이나 될까? 평소에 그런 일이 아주 익숙한 사람이 아니고서는 어려울 것이다. 입이 바짝 마르고 얼굴이 화끈거릴 수밖에 없다. 그렇다면 우리를 속절없이 긴장하게 만드는 발표를 조금이나마 편안하게 해낼 수 있는 방법은 없을까?

내 안에 존재하는 불필요한 믿음

데이비드 클라크(David Clark)와 에이드리언 웰스(Adrian Wells)는 발표에 대한 불안이 심한 사람일수록 발표 상황에서 세 가지의 불필요한 믿음이 활성화된다고 말한다.

① 자신에 대한 부정적인 믿음. 예를 들어 '나는 이상한 사람이야.' '나는 사실 실력이 형편없는 사람이야.' '나는 매력이 없어.'

② 지나치게 높은 수행 기준에 대한 믿음. 예를 들어 '나는 완벽하게 냉정하고 침착해 보여야 해.' '조금의 실수도 없이 완벽하게 해내야 해.'

③ 사회적으로 어떤 평가를 받을지에 대한 조건적인 믿음. 예를 들어 '내가 불안해 보이거나 실수를 하면 모든 사람이 나를 비웃을 거야.'

이 세 가지 믿음의 공통점은 오로지 자기 자신에 대한 생각으로 가득 차 있다는 것, 그리고 전혀 우호적이지 않고 심지어 위협적인 사회적 상황을 가정하고 있다는 것이다. 이러한 믿음이 활성화되며 우리 몸에서는 위협에 처했을 때와 같은 신체 반응이 일어난다. 목소리와 손이 떨리고, 얼굴은 빨개지며, 식은땀도 난다. 안타깝게도 점점 정신은 아득해진다. 흔히들 말하듯 머릿속이 백지가 되어버리는 것이다. 그리고 이 신체 반응을 의식하면서 발표자는 더 불안해지고 더 큰 위협감을 느낀다. 이렇게 악순환이 반복된다.

이제부터 이 악순환을 끊어내기 위해 내 안에 존재하는 이 세 가지 믿음을 곰곰이 살펴보고 여기에 반박할 나만의 답을 만들어보자. 이 과정은 발표를 잘해내는 것뿐만 아니라 자신감을 키우고 사람들과 만족스러운 관계를 맺는 데도 도움이 될 것이다.

사람들은 생각보다 아는 것이 없다

혹시 ATM기에서 큰돈을 뽑고 사람이 많은 길을 걸어본 적이 있는가? 아마도 자신이 큰돈을 지니고 있음을 길거리의 사람들이 다 알고 있을 것만 같은 느낌에 잠시나마 사로잡혀 보았을 것이다. 이런 심리를 '투명성의 착각'이라고 한다. 사람들은 자신이 다른 이들에게 실제보다 더 많이 노출되어 있다는 착각을 하는 경향이 있다. 예를 들어 거짓말을 하면서 자신이 거짓말하고 있다는 단서를 실제보다 더 많이 흘렸을 것이라고 믿는 사람처럼 말이다.

발표에서도 투명성의 착각이 우리를 지배한다. 우리는 청중이 정말로 알아챌 수 있는 것에 비해 우리의 긴장이 더 많이 그들에게 드러나고 있으리라고 착각한다. 내 안의 감정이 너무 강력하기 때문에 이 감정이 밖으로 콸콸 쏟아지고 있다고 여기는 것이다. 그리고 그 생각은 우리를 더욱 긴장하게 만든다. 다시 악순환이다. 그러나 사람들은 우리가 얼마나 불안한지에 대해 생각보다 관심이 없으며 결코 우리 자신만큼 그것을 잘 알아차릴 수 없다.

한 연구는 발표에서 일어나는 투명성의 착각을 증명하기도 했다. 사람들 앞에서 한 주제에 관해 3분간 연설하게 한 뒤, 자신이 남들에게 얼마나 초조해 보였을 것 같은지에 대해 점수를 매긴 것이다. 대부분은 청중이 실제로 발표자에 대해 평가한 불안 점수에 비해 훨씬 더 높은 불안 점수를 스스로에게 매겼다.

이런 투명성의 착각이 주는 부담을 덜기 위한 방법은 의외로 간단하다. 이런 현상이 존재한다는 사실 자체를 인식하기만 하면 된다(!) 다시 다른 연구를 하나 더 살펴보자. 이 연구에서 실험자들은 한 집단에는 발표 전에 투명성의 착각에 관한 정보를 알려주면서 격려하였고, 다른 집단에는 격려만 했을 뿐 투명성의 착각에 대한 정보를 주지 않았다. 그런 다음 같은 주제로 같은 시간 동안 발표를 하도록 한 뒤 관찰자들이 이 발표를 평가하게 했다. 그 결과 투명성의 착각에 대한 정보를 안내받은 집단의 참여자들은 그렇지 않은 집단의 참여자들에 비해 덜 긴장되어 보인다는 평가와 표현력이 더 풍부하다는 평가를 받았다. 놀랍지 않은가!

마음껏 긴장하고 흥분하고 설레기

발표를 앞두고 불안할 때 사람들은 보통 진정하려고

애쓰면서 불안을 가라앉히려 한다. 이런 시도는 도움이 될 때도 있지만 효과가 없을 때도 많다. 그럴 때는 오히려 적당히 흥분하는 게 도움이 된다. 불안과 흥분은 모두 높은 각성 상태를 특징으로 한다. 흥분할 때도 가슴이 뛰고 불안할 때도 가슴이 뛴다. 약물치료나 깊은 명상 등으로 확실하게 신체의 긴장도를 낮출 수 있는 상황이 아니라면 차라리 신체 상태와 일치되는 감정을 느끼는 쪽이 행동 조절에 더 이롭다. 불안에 맞서기보다는 불안의 파도에 올라타 불안을 긍정적인 흥분으로 바꾸라는 것이다. 그렇게 되면 우리의 순진한 마음은 지금의 신체 상태를 위협이 아닌 기대감의 신호로 받아들일 것이다.

한 연구에서는 참여자들에게 '자신이 좋은 업무 파트너인 이유'에 대해 청중을 설득하는 연설을 준비하도록 하면서 나중에 위원회에서 심사결과를 알려줄 것이라고 겁주며 그들의 불안을 유도했다. 그런 다음 무작위로 이들을 두 집단으로 나누어 한 집단에게는 '나는 흥분된다'라고 자신의 감정을 재구성하도록 요청하고, 다른 집단에게는 '나는 차분하다'라고 감정을 재구성하도록 요청했다. 이후 청중들이 연설을 본 뒤 누구와 업무를 함께하고 싶은지, 연설한 사람이 얼마나 유능해 보이고 설득력이 있었는지, 누가 덜 불안해 보였는지 평가하도록 했다. 그 결과 '나는 흥분된다'라는 감정적 재구성을 한 집단은 '나는 차분하다'라고 감정적 재구성을 한 집단보다 모든 항목에서 더 좋은 점수를 받았다.

발표를 시작할 때마다 '나는 지금 우리 팀의 성과를 모두에게 알려줄 생각에 신이 났어!', '스릴이 넘치겠군! 이거 재미있게 돌아가겠는데?'라고 스스로에게 말해주면서 불안상태를 긍정적이고 가치 있는 흥분상태로 재구성해 보자. 다소 억지스러운가? 그러나 이 말들은 진실이기도 하다. 내가 열심히 준비한 무언가를 사람들에게 선보이고 나누는 일은 기쁘고 보람 있는 일이며 청중은 내가 맞서 싸워야 하는 적군이 아니다. 우리는 각자의 짧은 인생 중 소중한 찰나를 함께 공유하고 있는 것이다. 지옥도 그 무엇도 아닌 인생의 한 장면일 뿐이다.

나만의 작고 귀여운 의식 마련하기

테니스 스타 세리나 윌리엄스(Serena Williams)는 첫 서브 전에 공을 다섯 번, 두 번째 서브 전에 공을 두 번 튀긴다고 한다. 이처럼 많은 스포츠 선수나 연주자들은 시합이나 공연 전에 치르는 자신만의 독특한 의식이 있는데, 이것은 정말 효과적일까? 놀랍게도 그렇다. 물론 이런 의식이 마법 같은 무언가는 아니다. 다만 이런 의식을 통해 우리에게는 불안을 다루고 통제감을 얻음으로써 잘해낼 수 있을 거라는 자신감이 생기기 때문이다.

한 연구에서는 참여자들에게 여덟 개의 수학 문제를 풀도록 하면서 불안도를 증가시키기 위해 이렇게 안내했다. "당신은 제한된 시간 내에 여덟 개의 매우 어려운 IQ 테스트를 치를 것이며, 정답을 맞힐 때마다 상금을 줄 것입니다." 그리고 문제를 풀기 전 한 집단에는 다음과 같은 의식을 수행하도록 했고, 다른 집단은 가만히 앉아 있도록 했다. 그 의식이란 이런 것이었다. '지금 기분이 어떤지 그림으로 표현하고 그림에 소금을 뿌린다. 그

다음 큰 소리로 다섯까지 세고 종이를 구긴 뒤 쓰레기통에 버린다.'

믿을 수 없겠지만 이 요란한 의식을 수행한 집단은 그렇지 않은 집단에 비해 수학 시험 성적이 더 높았다. 수학뿐 아니라 노래를 부르게 한 뒤 노래를 얼마나 정확히 불렀는지를 평가하는 실험에서도 결과는 똑같았다.

그러니 당신도 해보자. 발표 직전 둘째 손가락과 셋째 손가락을 서로 교차시키는 동작을 반복해 보거나 결전의 날 좋아하는 속옷을 입어보거나 발표 전날 저녁으로 된장찌개를 먹어보자. 만족스러운 발표를 하는 데 그 의식들이 힘을 보태줄 것이다.

슬픈 생각 하기

이제 여러 가지 방법을 써봐도 소용없을 때 시도해 볼 만한 최후의 방법을 제안하겠다. 발표불안은 결국 지금의 상황을 위협으로 인지하는 데서 온다. 그 위협의 꼬리를 물고 들어가다 보면 죽음과 소멸이라는 주제를 마지막으로 마주하게 된다. 호랑이에게 쫓기는 위협도, 망신을 당하는 위협도 모두 그 끝에는 결국 소멸에 대한 인간 근원의 두려움이 있다. 지금 이 상황이 마치 내가 죽고 사는 걸 결정하기라도 할 것 같은 느낌에 순간적으로 압도되는 것이다.

이러한 압도감을 덜기 위해서는 지금 이 상황이 지닌 위협의 실제 크기를 가늠해 보는 것도 효과적이다. 그러한 방법으로 삶에서 이미 일어났거나 앞으로 일어날 더 큰 비극을 떠올려 보자. 지금까지 살아오면서 겪어왔던 아주 슬프고 고통스러운 일, 인생에서 앞으로 결코 마주하지 않았으면 하는 일… 이런 것들을 떠올리다 보면 어느새 지금 눈앞에 놓인 발표가 그것들에 비해 아무것도 아니라는 사실을 깨닫게 될 것이다. 인생의 수많은 곡절에 비하면 이건 정말 아무것도 아니다. 다행인지 불행인지 이건 정말 진실이다.

연봉을 통보받지 않고 협상하는 사람들

———————————— ✳ 협상의 심리학

한 해가 가고 어느덧 연봉 협상 날이 밝았다. 만약 당신이 협상 테이블에 앉았다면 어떻게 할 것인가?

① 올해 내가 성과가 없긴 했잖아…? 부르는 대로 받아들이자.

② 가뜩이나 물가도 많이 올랐는데 최대치로 선빵을 날린다!

③ 내 성과를 생각했을 때 4퍼센트 정도는 올려주는 게 맞지. 안 된다고 하면 이직한다!

◖◗

'연봉 협상'이라는 말을 들으면 어떤 생각이 드는 가? 이직을 많이 해보았거나 회사 분위기상 연봉에 관한 대화가 자유로운 편이라면 그리 낯설지는 않을 것이다. 그러나 아직도 많은 이들에게 연봉 협상이란 프로 운동선수 기사에서나 보던 말일지 모른다. 그래서 "연봉 협상이라 부르고 통보라 읽는다"라는 자조도 생겨났을 것이다.

연봉 협상은 내가 해낸 노동에 대한 대가를 논의하는 중요한 일이지만 대부분의 사람들에게 껄끄러운 과정으로 여겨진다. 여기에 담긴 마음은 다양하다. 싫은 소리를 하는 것 같아 불편하기도 하고, 돈만 밝히는 탐욕스러운 사람처럼 여겨질까 두렵기도 하다. 능력에 비해 주제넘는 요구를 하는 것만 같아 망설여지기도 할 것이다. 고용주를 불쾌하게 만든 나머지 손해를 입을까 봐 염려하는 마음도 존재한다.

"감히 그런 말도 안 되는 요구를 하다니! 협상은 이것으로 끝내겠네!"

이런 말을 듣는 장면이 머릿속에서 재생되기라도 하는 것처럼 말이다. 그러나 모든 걸 떠나, 돈 얘기를 면전에서 꺼내는 일은 원래 어렵다.

그럼에도 우리는 불편함과 긴장을 무릅쓰고 이 중요한 논의를 반드시 해내야 한다! 연봉에 대한 첫 제안을 그냥 받아들이는 사람에 비해 협상을 시도하는 사람이 평균 5000달러(한화 약 600만 원)를 더 번다는 연구 결과가 조금은 자극이 될지 모르겠다. 물론 같은 직장에서 매년 본격적이고 자유로운 협상이 가능한 곳이 아직까지 그리 많지 않으며 주로 이직을 할 때 가장 진지한 협상이 오간다. 그러나 어느 때든 협상의 여지가 조금이라도 생기는 순간을 미리 대비해서 나쁠 건 없다. 스스로의 대응이 너무 아쉽지 않을 정도로만 협상해 볼 수 있다면 충분하다.

협상은 정보전이다

자, 그럼 무엇부터 준비해야 할까? 연봉이 성과에 대한 보상이라면 내 성과가 어느 정도인지부터 제대로 알아야 한다. 나조차 내 가치를 모른다면 어떤 좋은 제안을 받아도 괜히 억울한 마음이 들 수 있고 반대로 어떤 평가절하된 제안을 받아도 그러려니 해버릴 수 있다. 당연한 이야기처럼 느껴지겠지만 의외로 많은 사람이 자기 능력에 대한 구체적이고 수량화된 파악이 제대로 되지 않은 채로 협상테이블에 앉는다. 긴장은 엄청나게 하면서 막상 준비된 것은 없다는 뜻이다.

중요한 프로젝트 완수 경험, 포트폴리오, 자격증, 동료들의 평판, 자신의 능력이 해당 직군에서 가진 희소성과 차별점 등에 대해 미리 곰곰이 생각해 본 후 근거 자료를 정리해 놓으면 이 모든 것들이 협상테이블에서 든든한 아군이 되어줄 것이다. 이 근거들은 나의 협상 상대가 내게 많은 연봉을 주어야 한다고 느껴 자신의 윗선을 설득할 때 유용하게 활용될 수 있다는 점에서 더욱 중요하다. 보통 협상 상대가 직접적인 결정권을 갖고 있지 않은 경우가 많기 때문이다.

그래서 정보는 많으면 많을수록 좋다. 업계에서의 수요와 공급 현황은 어떤지, 비슷한 직군과 경력을 가진 사람들의 보편적인 연봉 수준이 어떤지, 가고자 하는 회사의 업무 환경은 어떤지, 해당 회사에 근무하는 사람들은 어떤 대우를 받고 있는지… 나의 정보력과 인간관계를 총동원하여 정보를 모아보자.

이렇게 나의 가치를 어느 정도 파악하고 정보를 모았다면 그다음 할 일은 내가 진정으로 원하는 게 무엇인지 생각을 정리하는 일이다. 이 생각이 잘 정리되어 있지 않으면 내가 원하는 것이 무엇인지를 잊고 그저 주변 사람들만 따라가다가 후회하게 될 수 있다. 예를 들어 현재 일하는 곳의 권위적이고 경직된 분위기와 지나치게 긴 근무시간에 지쳐 이직하기로 했다고 생각해 보자. 연봉 이외의 요소가 이직 결정의 이유였던 것인데, 이유에 대해 제대로 생각해 본 적이 없는 사람은 친구가 이번 기회에 연봉을 제대로 높이지 않으면 호구나 다름없다고 말하는 순간 마음 안에서 갈등이 생길 것이다. 그렇게 결국 기존보다 더 열악한 환경임에도 높은 연봉을 준다는 이유만으로 새 회사를 선택하게 될 수도 있다. 이런 불상사를 막기 위해서 내 삶의 우선순위를 확실하게 정리해 둬야 한다.

연봉 협상 잘하는 법을 이야기하다가 돈 때문에 이외의 요소를 포기하지 말라니, 의아할 수도 있다. 물론 돈은 매우 중요한 요소지만 누군가에게는 그 외의 요소역시 못지않게 중요할 수 있다. 내가 일하는 곳의 분위기, 사람들과의 관계, 일의 종류, 성장 가능성, 자유로운 시간 활용… 많은 요소를 충분히 고민해 보고 생각을 다시 검토해 보자.

상대와의 협상이 결렬되었을 때 취할 수 있는 최선의 대안을 BATNA(Best Alternative To Negotiated Agreement)라고 부른다. 한마디로 괜찮은 플랜 B 같은 것이다. 이 BATNA가 나에게 있는지 여부만큼 협상에서 중요한 것도 없다. 물론 모두가 이것을 제대로 가지기는 어렵다. 그러나 자신이 BATNA를 이미 가지고 있음에도 그렇게 생각하지 못하는 경우라면 안타깝지 않을 수 없다. 이 회사가 아니어도 되는 상황임에도 자신은 이 회사가 아니면 안 된다고 착각하는 것이다. 이런 마음은 사람을 지나치게 절박하게 만들어 충분히 할 수 있는 요구도 하지 못하게 만든다.

이럴 때 앞서 이야기했던 과정들을 충분히 수행한 사람이라면 자신에게 BATNA가 생각보다 꽤 있음을 발견할 가능성이 크다. '아, 나는 이 분야 말고 다른 분야에서도 일할 수 있는 사람이구나!', '나는 이 조건만 충족되면 다른 건 크게 상관 안 하는 사람이니 선택의 폭이 넓겠구나!' 같은 깨달음의 순간이 많았을 테니 말이다.

직접적으로 협상 상대에게 "여기 아니어도 갈 곳 많거든요?"라며 허세를 부리라는 뜻이 아니다. 내 안에 이 협상이 결렬되어도 대안이 있다는 확신을 지닌 것만으로 충분하다. 그랬을 때 우리는 훨씬 여유로운 마음으로 요구하고 원하는 바를 얻어낼 것이다.

앵커링 효과를 선점하는 사람들

이쯤에서 대니얼 카너먼(Daniel Kahneman)과 아모스 트버스키(Amos Tversky)의 유명한 연구를 소개하겠다. 연구진은 참여자들에게 1에서 100까지 적힌 룰렛을 돌리게 했는데, 이 룰렛은 사실 10이나 65 둘 중 하나의 숫자에 멈추게 설계되어 있었다. 자신이 돌린 룰렛의 숫자를 본 참여자에게 이어서 UN 회원국 중 아프리카 국가가 차지하는 비율은 몇 퍼센트냐고 물었다. 그러자 숫자 10이 나온 참여자는 평균 25퍼센트 정도일 것이라고 추정했고, 65가 나온 참여자는 평균 45퍼센트 정도일 것이라고 추정했다. 무의식이 질문과는 아무 연관 없는 룰렛 숫자에 영향을 받은 나머지 그 숫자 부근의 대답을 하게 된 것이다. 이를 '앵커링 효과(anchoring effect)'라고 부른다. 우리가 어떤 판단을 내릴 때 처음에 제시된 기준점의 영향을 받는 현상을 일컫는 말이다.

앵커링 효과는 마케팅과 협상 분야에서 많이 이용된다. 예를 들어 정가가 6만 원인 티셔츠가 오늘만 특별히

3만 원이라는 광고를 본다면 우리의 마음은 애석하게도 이미 티셔츠를 사는 쪽으로 기울었을 것이다.(6만 원의 가치가 있는 물건을 반값에 살 수 있다니!)

이렇듯 앵커링 효과의 힘을 확인한 당신은 지금 이렇게 생각하고 있는지도 모르겠다. '희망 연봉을 먼저 높게 불러서 기준점을 선점해 버려야 하나?' 그런데 연봉 협상에서 먼저 기준점을 제시하는 전략에는 단점도 있다. 먼저 금액을 언급하는 쪽이 패를 다 까는 셈이니 더 불리할 수도 있기 때문이다. 이러지도 저러지도 못한다면 대체 어떻게 하는 게 좋을까? 두 가지 방향으로 나누어 고민해 보자.

희망 연봉을 먼저 말해야 하는 경우에는 미리 확보한 정보를 바탕으로 상식적인 범위를 벗어나지 않는 적절한 금액을 불러야 한다. 지나치게 터무니없는 액수를 제시하는 경우 오히려 불리해지거나 상대방의 부정적인 감정반응을 유도할 수 있다. 기억하자. 상식적인 범위 내에서 가장 과감한 액수!

어느 정도 감이 잡혔다면 제안하는 숫자는 구체적일수록 좋다. 미국의 한 연구에서는 물건의 가격을 협상할 때 5000달러보다 5115달러같이 구체적인 숫자를 제시할수록 좋은 결과를 얻었다는 사실을 발견했다. 제안하는 금액이 구체적일수록 그 가치에 대해 잘 알고 있는 것처럼 보이기 때문에 더 나은 앵커링 효과를 누릴 수 있다는 것이다. 1원 단위까지는 아니더라도 어느 정도 구체적인 금액이라면 좋다. 물론 그 구체적인 숫자에 대한 근거도 가지고 있어야 한다.

반대로 연봉을 먼저 제안받는 경우에는 앵커링 효과가 가진 힘을 기억하면서 이 힘에 너무 영향받지 않도록 주의를 기울이자. 일반적인 회사라면 이렇게 운을 뗄 것이다.

"저희의 내부 기준상 경력과 직급에 따른 연봉의 한도가 정해져 있으며, 다른 직원들에게도 역시 같은 기준으로 급여가 지급되고 있습니다."

그리고 많은 경우 이것이 강력한 앵커링 효과로 작용하여 당신을 옭아맬 것이다. 그러나 이 글을 읽은 당신은 그냥 물러나지 않아야 한다. 그간 수집한 정보를 바탕으로 완전히 새로운 기준점을 만들어보자. 회사가 제안한 기준점에 지나치게 흥분할 필요도, 반대로 지레 단념할 필요도 없다. 지금의 연봉에서 일정 비율 인상을 원한다는 상식적인 요구를 하거나, 업계의 통상적인 연봉 수준에 자신의 경력을 반영하여 산출한 연봉을 제시함으로써 새로운 기준을 만들어보자. 이 경우에도 물론 구체적인 금액을 제안하는 방법이 좋을 것이다.

아무쪼록 당신이 이번에 앉을 테이블이 통보가 아닌 진정한 의미의 협상이 진행되는 자리이길 바란다.

동료들의 무한신뢰를 받는
입사 동기의 비밀

———————————————— ✳ 신뢰의 심리학

당신이 믿을 만한 동료와 아닌 동료를 구분하는 첫

번째 조건은 무엇인가?

자, 이제 질문을 바꿔보겠다.

당신은 과연 동료들에게 믿을 만한 사람인가?

'믿고 보는 그의 추천 영화', '믿고 거르는 그의 추천

맛집' 같은 표현을 종종 들어보았을 것이다. 우리는 때로 믿을 만한 누군가가 그 영화를 추천했다는 이유만으로 묻지도 따지지도 않고 소중한 시간을 그 영화에 할애하기로 결정하는데, 이렇듯 믿음이 가는 대상에게 자신을 온전히 맡겨버린다는 점에서 신뢰의 힘은 아주 크다. 신뢰란 한마디로 그와의 과거 경험에 의존해 그에게 미래까지 베팅하는 어마어마한 일이다. 마피아 게임을 떠올리면 신뢰의 도박성을 단번에 납득할 수 있을 것이다. 잘못 믿으면 망한다!

이처럼 누군가를 '믿는' 행위에는 분명한 이득과 손해가 따라오기 때문에 타인으로부터 신뢰를 얻는 일은 꽤 어렵고 시간이 걸리는 과정이다. 특히 일터에서는 더더욱 그렇다. 그러나 이 책을 읽고 있는 사람이라면 아마도 누군가로부터 신뢰를 얻고 싶은 경우가 많을 것이라고 생각한다. 믿고 걸러지는 사람이 아닌, 믿고 기댈 수 있는 사람이 되기 위해서는 대체 무엇이 필요한 것일까?

신뢰 가는 사람이 되기 위한 첫걸음은 스스로가 믿을 만한 사람임을 믿는 것이다. 나를 믿는 것이 사실은 모든 것의 출발이다. 내가 나를 믿지 못하면서 다른 이들이 나를 믿게 할 수는 없는 노릇이다. 타인에게 신뢰를 얻기 위한 기본 전제는 '자기 신뢰'다. '나는 믿을 만한 사람인가?', '나는 남을 기만하지 않는 사람인가?' 하는 질문에 자신 있게 '그렇다!'라고 말할 수 있어야 한다. 그렇다는 대답이 쉽게 나오지 않는다고? 어떻게 해서든 스스로를 믿을 수 있는 사람으로 만들어놔야 다음 단계가 있다. 그러기 위해서는 나와의 약속을 하나둘씩 지키는 연습부터 시작하자.

몸이 가까워지면 마음도 가까워진다

첫 번째 조건이 다소 고리타분하게 느껴졌다면 이제부터 진짜 방법을 알려주겠다. 믿음을 위한 두 번째 조건은 바로 '익숙함'이다. 익숙함의 힘은 생각보다 강력하다. 심리학자 로버트 자이언츠(Robert Zajonc)는 한자에 익숙하지 않은 미국의 학생들에게 뜻을 알 수 없는 한

자를 반복적으로 보여주는 실험을 했다. 이때 그는 각각의 한자를 노출하는 횟수를 달리했는데, 놀랍게도 학생들은 자주 접한 한자일수록 그 글자가 좋은 의미일 것이라고 평가하는 경향이 있었다. 즉, 익숙하지 않던 자극이 반복되어 점차 익숙해지는 것만으로도 호감도가 증가한 것이다. 이를 '단순 노출 효과(mere exposure effect)'라고 부른다. 사람은 무언가에 익숙해지는 것만으로도 그 대상을 긍정적으로 바라보게 되며, 자연스레 그 대상을 더 신뢰하게 된다.

익숙함은 심지어 비호감이었던 대상을 호감으로 바꿔놓기도 한다. 이것이 바로 '미운 정'이다. 전문용어로는 '에펠탑 효과(Eiffel Tower effect)'라고 부른다. 지금이야 많은 사람이 '파리' 하면 자연스럽게 에펠탑을 떠올리지만 놀랍게도 처음 에펠탑이 지어지던 19세기 말 프랑스에서 에펠탑은 파리의 수치이자 흉물이었다. 수난을 겪으며 오랜 세월 자리를 유지한 에펠탑은 결국 많은 사람의 사랑을 받는 건축물이자 세계적인 랜드마크로 자리매김했다.

사람도 마찬가지다. 익숙함만큼 강력한 힘을 지닌 것은 거의 없다. 대단한 존재감이 없어도 괜찮다. 그저 오랜 시간 동안 한 집단에 존재하는 것, 그 세월만큼 자주 얼굴을 마주하는 것만으로도 우리는 그 사람에게 신뢰감을 갖는다. 그러니 지금 누군가의 신뢰를 원한다면 인위적으로 무언가를 하려고 하기보다는 그저 오랜 시간 그 사람의 곁에서 함께해 보는 것이 어떨까. 그간 혹시 지나치게 스스로를 감춰왔다면 신비주의 콘셉트를 조금은 내려놓는 것도 도움이 되겠다.

상대방에게 예측 가능한 사람이 되는 것도 좋은 방법이다. 어디로 튈지 알 수 없는 독특한 사람이 신뢰받을 확률은 낮다. 좀 재미없게 느껴지더라도 예측 가능하고 일관성 있는 사람이 되는 것이 자신에 대한 신뢰를 높이는 길이다. 예측 가능한 사람이라는 느낌은 아주 작은 행동에서부터 만들어낼 수 있다. 상대의 전화나 이메일을 받고 늦어도 어느 시점(예를 들어 하루 안에)까지는 꼭 답변한다든가 하는 간단한 것들 말이다. 다시 말해 나만의 기준을 마련하는 일이다. 회신이 늦어질 것 같을 때는 답이 늦어질 수 있다는 간단한 연락을 미리 남겨주는 것도 좋다. 그러지 않으면 상대는 이 사람이 내 메시지를 제대로 받았는지 아닌지를 알 수 없어 혼란스러울 것이기 때문이다. 상대가 느낄 불필요한 불확실함을 최대한 줄여주는 것이 방법이다.

편견이 다 나쁜 건 아니다

'휴리스틱(heuristic)'이라는 말을 들어본 적이 있는가? 휴리스틱은 한마디로 신속하게 어림짐작하여 판단하는 심리 기술을 말한다. 당연하게도 우리에게는 누군가 혹은 무언가를 정확히 판단하기 위한 100퍼센트의 정보와 충분한 시간이 없다. 그리고 심리적인 에너지 역시 한정되어 있다. 한 가지 주제에만 골몰하기에는 세상이 너무 빠르게 돌아간다. 그렇다고 판단을 유보한 채로 불확실한 인생을 사는 것도 괴로운 일이다. 그래서 우리는 휴리스틱을 이용한다. 우리에게는 살아오면서 누적된 경험을 토대로 'ㅇㅇ는 대충 이럴 거야'라고 빠르게 판단하고 결론 내림으로써 삶에 필요한 결정을 효율적으로 하고, 불안을 줄이려는 보편적인 경향이 있다. 이것이 바로 휴리스틱이다.

휴리스틱이 없다면 우리는 세상을 제대로 살아가기 어렵다. 쇼핑 중에 한 옷가게에 들어갔다고 생각해 보자. 유니폼을 입은 사람이 그곳의 직원이라고 판단하고 말을 거는 간단한 과정에도 휴리스틱이 개입한다. 어쩌면 독특한 취향을 가진 누군가가 유니폼을 패션처럼 입었을 가능성도 0은 아니기 때문이다. 그러나 이런 낮은 확률을 가진 경우의 수까지 모두 따져서 판단해야 한다면 우리는 간단한 선택도 도저히 제때 할 수 없을 것이다. 그래서 휴리스틱이 필수적이다.

그런 한편 휴리스틱은 우리의 고정관념과 편견에 기여하기도 한다. 단정한 옷차림의 사기꾼에게 속아 넘어가고, 후줄근한 옷차림의 주요 인사를 무시했다가 망신을 당하는 일은 휴리스틱으로 인한 어림짐작이 가져다주는 결과물이다.

그렇다면 지금까지의 이야기를 토대로 누군가에게 신뢰를 얻기 위해서는 어떻게 하는 게 좋을까? 간단히 말하자면 단정한 옷을 입으면 된다. 우리가 아무리 고정관념에 사로잡히지 않으려 노력해도 휴리스틱은 인간의 보편적 특성이기 때문에 이로부터 완전히 자유로울 수는 없다. 그렇다면 그 심리를 이용해야 한다. 고정관념은 눈에 보이는 아주 기본적인 것들에서 작동한다. 옷매무새를 정갈하게 하는 것, 애매한 관계의 누군가를 마주쳤을 때 멋쩍어 모른 척하기보다 가볍게라도 인사하는 것, 대화할 때 적절한 정도의 눈 맞춤을 하는 것, 차분하게 또박또박 말하는 것. 이런 소소한 데이터들이 쌓여 나에 대한 긍정적인 고정관념이 만들어지기 때문이다. 신뢰할 만한 사람처럼 보이고 싶다면 신뢰할 만한 사람처럼 행동해야 한다. 마음대로 입고 말하고 행동하고 싶다면 그래도 된다. 단, 타인에게서 딱 그만큼의 평가를 받는 결과 역시 감수해야 한다. 우리는 휴리스틱의 동물이니까.

죄책감이 만들어주는 따뜻함

신뢰를 얻고 싶은 이들을 위한 마지막 키워드는 '죄책감'이다. 죄책감을 느낄 줄 아는 사람일수록 타인에게 윤리적이고 책임감 있는 방식으로 행동해야 한다고 생각하며, 이것은 자연스럽게 실제로 타인이 신뢰할 만한 행동으로 이어진다. 이와 관련한 재미있는 실험이 있다.

시카고대학교의 교수 에마 러빈(Emma Levine)은 401명을 대상으로 한 연구를 진행했다. 연구진은 먼저 참여자들에게 여러 가지 질문을 던지면서 그들이 죄책감을 느끼는 경향에 대해 평가했다. 질문은 대개 이런 것들이었다. "당신이 화가 나서 직장에서 그만 복사기를 부수었다고 생각해 볼까요? 주변에는 아무도 없었고요. 당신은 아무에게도 이 사실을 알리지 않고 그 자리를 떠났습니다. 그 후 당신은 얼마나 마음이 불편할 것 같나요?"

그리고 참여자들은 '신뢰 게임'을 시작했다. 신뢰 게임은 두 명의 플레이어가 하는 게임으로, 플레이어 중 한

명인 A에게 1달러가 주어졌다고 했을 때 A는 그 돈을 그냥 가질 수도 있고 B에게 줄 수도 있다. 만약 A가 상대 플레이어인 B에게 돈을 주지 않기로 결정하면 거기서 게임은 끝난다. 그러나 B에게 돈을 주기로 결정하는 순간 B에게는 1달러가 아닌 2.5달러가 주어진다. 이때 B에게 돈을 주기로 결정한 A의 마음에는 'B가 늘어난 돈을 나와 나누어 갖겠지'라는 신뢰가 깔려 있다. 이제는 B의 차례다. B는 자신에게 주어진 2.5달러를 전부 가져도 되고, 원하는 만큼 A와 나누어 가져도 된다. 게임은 B의 결정에서 끝이 나고 A에게는 복수(?)든 보답이든 더 이상 할 수 있는 방법이 없다.

연구의 참여자들은 모두 B의 입장에서 신뢰 게임에 참여했고, 얼굴도 모르는 A가 자신을 신뢰하여 1달러를 자신에게 주기로 결정했다는 말을 듣게 된다. 2.5달러를 받게 된 참여자들은 이제 그 돈을 자신이 모두 가질지, 아니면 A와 나누어 가질지를 결정해야 한다. 실험 결과, 죄책감을 느끼는 경향이 강한 사람일수록 A에게 더 많은 돈을 돌려주었다. A의 신뢰에 보답한 것이다.

이처럼 죄책감은 다른 사람에게 해를 끼치거나 그 사람을 실망시킬 만한 행동을 애초에 하지 않게 만든다. 그리고 그것이 타인으로부터의 신뢰를 저절로 높여 준다. 여기서 말하는 죄책감은 지나친 위축이나 눈치, 자책이 아닌 건강한 책임감으로 연결되는 감정이다. 억지로 죄책감을 느끼거나 자신의 죄책감을 다른 사람들에게 광고할 필요는 없다. 다만 나의 행동이 다른 사람에게 미치는 영향에 대해 숙고하는 태도를 가지는 것만으로도 우리는 신뢰받는 사람이 될 확률이 높다는 뜻이다. 자신이 받은 신뢰에 대해 잊지 않고 보답한 연구 참여자들처럼 말이다. 누군가가 신뢰할 만한 사람인지 여부를 판단할 때도 마찬가지다. 상대가 어느 정도 죄책감을 느낄 줄 아는 사람인지를 살펴보는 것이 아마도 판단에 좋은 근거가 되어줄 것이다.

창의적인 인재가 되려면
이것에 주목하라

———————————— ✳ 창의성의 심리학

◄►

당신이 손톱깎이 회사 개발팀에서 일하고 있다고 상
상해 보자. 오늘 신제품 기획 회의에서 동료가 '손톱
의 상태를 감지해 건강 상태 및 하루 운세를 알려주
는 기능이 탑재된 손톱깎이'를 제안했다면 당신은
뭐라고 반응할 텐가? 신선한 아이템이라고 생각할
텐가, 터무니없는 헛소리라고 생각할 텐가?

◄►

오늘날을 살아가는 사람들에게 창의성은 아마도 큰 화두일 것이다. 어떻게 하면 창의성을 잘 발휘할 수 있는지를 고민해 보기 전에, 먼저 창의성이라는 것에 대한 우리 안의 진짜 마음을 잠시 살펴보겠다. 놀랍게도 우리 마음속에는 창의성에 대한 양가감정이 자리 잡고 있다.

　　심리학자 제니퍼 뮬러(Jennifer Mueller)는 사람들이 창의성에 대해 긍정적으로 생각하면서도 막상 무언가에 호기심을 보이거나 창의적인 아이디어를 제시하는 사람 또는 그런 아이디어 자체에 거부감을 느낀다는 사실을 밝혀냈다. 이를 우리 안의 '반창의성 편향(bias against creativity)'이라고 부른다. 창의성에 대한 우리의 이러한 태도는 매우 미묘해서 겉으로는 잘 드러나지 않는다. 우리는 모두 자신이 창의성을 선호한다고 믿지만, 마음 깊은 곳에서는 암묵적으로 불편감을 느낀다는 뜻이다.

　　제니퍼 뮬러는 연구에서 참여자들을 두 집단으로 나누어, 한 집단에게는 '모든 문제에는 하나 이상의 올바른 해결책이 있다'라는 제목의 에세이를, 다른 집단에게는 '모든 문제의 올바른 해결책은 하나뿐이다'라는 제목의 에세이를 작성하게 했다. 그리고 에세이를 쓴 후 참여자들이 창의적인 아이디어(예를 들어, 발의 열기를 식히고 물집이 안 잡히게 하기 위해 신발의 두께가 조절되는 나노기술이 적용된 운동화)를 어떻게 느끼는지에 대해 조사했다. 이때 후자의 집단은 전자의 집단에 비해 창의적인 아이디어를 더 부정적으로 평가하고 혐오감까지 느끼는 것으로 나타났다.

이 연구에서 알 수 있는 사실은 불확실성이 허용되지 않는 조건일수록 우리가 창의적인 아이디어를 불편하게 느낀다는 점이다. 그렇다면 회사에서는 어떨까? 불행하게도 우리는 대체로 불확실성이 용납되지 않는 환경에 둘러싸여 있다. 그래서 우리는 창의성을 갈망하면서도 정작 무언가를 기획하거나 해결해야 하는 상황에서 자기도 모르게 창의성을 억누르게 되는 것이다.

가장 먼저 나에게 이렇게 물어보자. '나는 나의 불확실성을 허용해 주고 있나?' 물론 일터의 전반적인 분위기나 업무의 특성을 혼자서 바꾸기는 어렵다. 그러나 그

분위기에 지나치게 짓눌려 있을지 어느 정도 자율성을 가져볼지는 나에게 달린 것이 맞다. 그런 다음, 이제 진짜 창의적이려면 어떤 심리적 도구들이 필요한지 찬찬히 살펴보자.

완벽한 새로움은 없다

그렇다면 창의성은 무엇으로 이루어질까? 첫째는 '독창성', 둘째는 '기능성'이다. 조금이라도 새로운 것이면서 실제로 유용할 때 우리는 어떤 아이디어가 창의적이라고 말한다. 그러나 그 새로움이 결코 백지에서 갑자기 '뿅' 하고 나타나는 종류의 것은 아니다. 어느 날 갑자기 0에서 새로운 아이디어가 튀어나와야 한다는 생각이 우리를 회의에서 더욱 위축시킨다. 이미 존재하는 것들에서부터 시작하면 된다. 실제로 창의적 사고기법에 대한 각종 이론은 모두 기존에 존재하는 것의 용도를 변경하거나 해체, 재조립하는 내용으로 이루어져 있다. 대표적인 창의적 사고기법인 'ASIT(Advanced Systematic Inventive Thinking)'의 방식 중 하나를 살펴보자. 이 방식은 '용도변경'이다.

종종 공중화장실에 휴대폰을 두고 오는 경우가 있다. 이런 휴대폰 분실을 막아주는 창의적인 아이디어를 하나 소개하겠다. 화장실 칸에 들어가서 걸쇠를 돌려 문을 잠글 때 걸쇠가 펼쳐지면서 휴대폰을 올려둘 수 있는 작은 받침대가 만들어지는 것이다. 이렇게 되면 볼일을 보고 밖으로 나오기 위해서는 반드시 휴대폰을 다시 집어 들 수밖에 없다. 걸쇠를 돌려 문을 열어야 하니 말이다! '소지품을 챙기라'는 문구를 붙여두는 방식과는 비교할 수도 없게 효과적이다. 이 아이디어는 문 걸쇠에 휴대폰 받침대라는 용도를 추가한 것이다.

이 설명이 여전히 어렵게 느껴진다면 '대입'이라는 단어 하나만 기억하자. 무언가 좋아 보이는 것을 기억해 두었다가 "그것을 지금 상황에 대입할 수는 없을까?" 하고 질문해 보자. 생각보다 많은 아이디어를 얻을 수 있을 것이다. 다른 업계에서 이미 활용하고 있는 방식을 지금의 업무에 대입한다고 가정하는 것이다. 세상에 완전히 새로운 아이디어 같은 것은 없다. 물론 지금 당신이 읽고 있는 이 책 역시 기존에 있던 몇몇 책의 콘셉트를 참고했다!

먹고, 걷고, 씻어라!

조금 더 구체적인 방법은 없을까? 물론 있다. 이것저 것 생각하기도 싫다면 일단 샤워부터 해보자. 혹시 샤워 하다가 새로운 아이디어나 감상이 떠오른 경험을 한 적 이 있지 않은가? 그렇다면 이는 우연이 아니다. 창의적 인 생각은 독창성이 제한되는 선형적인 사고와 무작위 적이고 자유로운 사고 사이의 균형에서 탄생하기 때문 이다. 사고가 지나치게 선형적이라면 새로운 것이 끼어 들 틈이 없고, 지나치게 무작위적이라면 유용하기가 어 려우니 반드시 이 중간 어딘가여야만 한다. 이럴 때 필요 한 것이 바로 '마음이 적당히 방황하는 활동'이며 가장 대표적인 방법이 바로 '샤워'다. 완전히 지루하지는 않지만, 그렇다고 또 아주 많은 집중력을 요하지는 않는 작업을 하는 동안 우리는 새로운 생각에 도달할 수 있다.

여기서 한 번 더 흥미로운 연구를 살펴보자. 이 연구는 참여자들에게 90초라는 짧은 시간 동안 종이 클립으로 할 수 있는 것들을 모두 작성하도록 했다. 이후 이들을 두 집단으로 나누어 한 집단에는 사람들이 빨래를 개는 모습을 담은 영상을 3분간 시청하는 지루한 과제를 주었고, 한 집단에는 영화 「해리가 샐리를 만났을 때」의 한 장면을 3분간 시청하는 '마음이 적당히 방황하는 활동'을 시켰다. 45초간의 휴지기 후에 종이 클립에 관해 새롭게 떠오른 용도가 있다면 추가로 적어보도록 했다. 그 결과 영화의 한 장면을 본 사람들은 빨래 개는 장면을 본 사람들보다 새로운 아이디어를 더 많이 쏟아냈다. 빨래를 개는 3분간의 지루한 영상은 실험 참여자들의 마음을 방황시키지 못한 것이다.

샤워 못지않은 '마음이 적당히 방황하는 활동'은 산책이다. 스탠퍼드대학교의 매릴리 오페조(Marily

Oppezzo)와 대니얼 슈워츠(Daniel Schwartz)는 걷기의 효과에 대해 특히 집중적으로 연구했다. 이들은 참여자들을 네 집단으로 나누어 실험을 진행했는데 첫 번째 집단은 실내에서 러닝머신 위를 걷도록, 두 번째 집단은 실내에서 앉아 있도록, 세 번째 집단은 야외에서 걷도록, 네 번째 집단은 야외에서 앉아 있도록 했다. 그리고 타이어의 대체 용도에 관해 4분 동안 최대한 많은 아이디어를 내게끔 했다.

그 결과 실내든 야외든 앉아 있을 때보다 걸을 때 창의성이 더 향상되는 것으로 나타났다. 가장 좋은 결과를 보인 조건은? 물론 야외에서 걷는 행위였다. 밖에서 산책하는 행위는 가장 참신하고 좋은 질의 아이디어를 만들어냈다. 그러니, 일단 밖으로 나가 실컷 걷고 들어와서 상쾌하게 샤워하자! 당신의 창의성을 위하여.

디저트 매니아들에게 좋은 소식도 있다. 당이 창의성에 긍정적인 영향을 미친다는 연구 결과다. 물론 단 음식을 많이 먹는 것은 조심해야겠지만 하루에 사탕 한 개,

쿠키 한 조각 정도는 허용해도 좋다. 달콤한 맛은 무엇보다 인지적인 유연성을 필요로 하는 창의적인 작업의 기능을 향상한다.

한 연구에서는 참여자들을 두 집단으로 나누어 한 집단에는 단 음료(설탕물)를, 다른 한 집단에는 신 음료(레몬주스)를 마시도록 했다. 그런 뒤 이런 요청을 했다. "우주에서 다른 은하계로 여행하는 상상을 해보세요. 그곳에서 만나는 외계 생명체가 어떻게 생겼는지 그려 보세요. 그림 실력은 중요하지 않습니다." 이때 달콤한 음료를 마신 집단은 신맛이 나는 음료를 마신 집단보다 참신한 외계인 그림을 더 많이 그려냈다.

흥미로운 사실은 연구에서 단 음료나 음식을 실제로 먹지 않고 먹는 모습을 상상만 하게끔 했을 때도 창의성이 높아졌다는 점이다. 이는 달콤한 음식에서 연상되는 이미지들의 의미론적인 효과 때문인 것으로 추정된다. 달콤한 음식은 대체로 온화함과 안전함, 친사회성, 낭만, 축하, 사랑, 보상 같은 긍정적인 의미를 은유하기 때문이다. 인지적인 연관성 안에서 두려움은 줄고, 불확실성에 관대해지며, 그 틈에 새로운 생각이 흘러 들어올 수 있을 것이다. 그러니 건강에 해롭지 않은 선에서 가끔은 달콤한 것을 한 입 베어 물어주자. 아니면 그것을 먹는 장면이라도 상상해 보자. 이 또한 당신의 창의성을 위하여.

야근 안 해도
일 잘하는 김 대리

———————————————— ✳ **효율의 심리학**

◖◗

퇴근 30분 전, 갑자기 마음이 급하다. 오늘만큼은 야근 없이 제시간에 퇴근하고 싶었건만 아직 끝내지 못한 일들이 산더미다. 앞자리 김 대리는 어떻게 매일 칼퇴하면서도 저렇게 성과를 내는 걸까? 그리고 나는 대체 왜 오늘도 야근의 늪에서 허덕이는 걸까?

◖◗

요즘 흔히 사용되는 '과몰입'이라는 말을 한번쯤은 들어보았을 것이다. 과몰입이라는 것은 주로 어떤 영화나 드라마, 아이돌에 몰두하면서 꼬리에 꼬리를 물어 정보를 찾고 이야기하며 푹 빠져드는 현상을 일컫는다. 내가 '꽂힌' 주제가 생기면 끝장을 볼 때까지 파고드는 경향은 어느덧 하나의 유행이 되었다. 이렇듯 무언가에 과몰입할 때의 절반만이라도 일하거나 공부할 때 몰두할 수 있다면 얼마나 좋을까? 불가능하다고 생각할지도 모르지만, 아예 못할 일은 아니다. 물론 큰 노력 없이 이를 수 있는 일반적인 과몰입 상태와는 달리 이 경우에는 여러 가지 노력이 좀 더 필요하지만 말이다.

'몰입(flow)'이란 어떤 활동에 집중하면서 적극적으로 참여하는 마음 상태로, 심리학자 미하이 칙센트미하이(Mihaly Csikszentmihalyi)가 제시한 개념이다. 몰입의 장점을 열거하자면 끝이 없다. 오로지 눈앞의 일에만 집중할 수 있어 효율성과 정확성이 높아지고, 그 작업 자체를 더 잘 즐기게 되어 의욕이 샘솟는 선순환의 고리가 생긴다. 그리고 몰입의 순간에 우리는 '나'라는 사람에 대한 의식도 덜 하게 된다. 그 순간만큼은 내가 사람들에게 어떻게 보일지 덜 의식하게 되면서 두려움이 줄어든 채로 집중할 수 있다. 그렇다고 몰입을 무아지경처럼 지나치게 신비로운 상태라고 생각할 필요는 없다. 그저 시간 가는 줄 모르고 웬만큼 집중했다가 빠져나오면서 뿌듯함을 느끼는 상태만 되어도 충분하다. 무엇이 충분하냐고? 야근 안 해도 일 잘하는 사람이 되기에 충분하다는 얘기다. 그렇다면 지금부터 몰입에 관해 조금 더 세세히 뜯어보기로 하자.

몰입이란 무엇인가

우리가 가장 먼저 알아야 할 것은 어떤 때 몰입이 일어나느냐 하는 것이다. 물론 모두가 알다시피 좋아하는 일에 몰입하기가 더 쉽기는 하지만 그다지 좋아하지 않는 일이어도 몰입은 충분히 가능하다. 꼭 갖고 싶던 물건이 아니라도 나에게 꼭 필요한 물건을 사야 하는 경우를 생각해 보자. 그럴 때 우리는 이것저것 비교해 가며 새로운 세계를 알게 되고 시간 가는 줄 모른 채 한동안은 그 물건에 대한 생각으로 머릿속이 가득차기도 할 것이다.

일도 마찬가지다. 관심 없는 분야에 대한 일을 어쩔 수 없이 맡게 되었을 때, 처음에는 내키지 않는 마음으로 시작했다가도 점차 세부 사항들을 알아가면서 새로운 세상을 스펀지처럼 빨아들이는 느낌을 받을 수 있다. 이런 몰입이 늘 작동하는 것은 아니지만, 중요한 사실은 반드시 자극적이거나 처음부터 끌리던 주제가 아니어도 '정붙이면' 웬만큼은 몰입이 가능하다는 것이다. 그러니 회사에서도 몰입의 경지에 한 번쯤은 도전해 보자.

가끔 몰입을 중독과 착각하는 사람들도 있다. 일에 몰입하는 것과 일에 중독된 것은 같은 것일까 다른 것일까? 우리는 보통 도박, 술, 담배 같은 단어 뒤에 몰입을 붙이지 않는다. '도박에 몰입'이라니 어딘가 이상하다. 중독과 몰입의 차이 중 하나는 내성과 금단이 있는지 여부다. 같은 정도의 자극으로는 더 이상 즐거움을 느끼지 못하고 점점 더 강한 자극을 추구하게 되는 성질이 '내성(tolerance)'이고, 그 자극이 없을 때 몹시 괴로워하는 것이 '금단(withdrawal)'이다. 몰입에는 내성과 금단이 없다. 무언가에 몰입할 때는 그 순간에 즐겁게 빠져들 뿐 그 순간이 점점 더 자극적이어야 할 필요는 없다. 그리고 그 무엇에서 빠져나왔을 때 뿌듯함과 더불어 아쉬움을 느낄지언정 파괴적인 고통을 겪지는 않는다.

몰입과 중독의 또 다른 차이는 책임감, 그리고 균형이 있는지 여부다. 일에 몰입하는 사람과 일에 중독된 사람은 이 지점에서 갈린다. 그 사람이 일을 열심히 하되 자기 삶의 나머지 영역인 여가와 건강, 가족과 친구를 비롯한 관계에도 관심을 놓지 않고 책임을 다하려 하는지, 아니면 소중한 사람과 함께하는 시간이나 건강은 뒷전으로 두면서 삶이 한쪽으로만 치우치고 건조해지는지를 살펴보면 쉽다.

몰입을 위한 다섯 가지 상식

그렇다면 지금부터는 본격적으로 몰입을 잘하는 방법에 관해 알아보자. 가장 먼저 강조하고 싶은 점은 걱정부터 멈추라는 것이다. 걱정은 특히 어려운 작업일수록 우리가 집중할 수 있는 힘을 갉아먹는다. 배외측 전전두피질 및 전대상피질은 걱정이 많을수록 비효율적으로 활동함으로써 원래 이 부위가 담당하는 만큼의 주의력 조절을 하지 못하게 된다. 뇌의 제한된 역량을 두고 걱정과 주의력이 경쟁하는 셈이다. 그러니 제대로 몰두하길 원한다면 일을 시작하기 전에 걱정부터 처리하자.

그게 어떻게 가능하냐고 물을지도 모르겠다. 걱정하고 싶어서 하는 사람이 어디 있냐고도 생각할 것이다. 물론 걱정을 안 하고 싶다고 해서 안 할 수 있다면 세상에는 걱정거리 자체가 없을 것이다. 다만 여기서 말하고 싶은 건 걱정의 해결이 아니라 '처리'다. 상상 속의 서랍 안에 걱정을 잘 넣어두기만 해도 이 순간의 몰두를 방해하는 일은 최소화할 수 있다.

믿어지지 않는다면 지금 당신의 머릿속을 둥둥 떠다니는 걱정들을 종이에 옮겨 적어보자. 이 행위만으로도 걱정거리가 어느 정도 없어진 것 같은 효과를 볼 수 있을 것이다.(한번 믿어보시라!) 나를 괴롭히던 걱정들은 종이라는 보조기억장치에 잘 적어두었으니 나중에 들여다보고, 나는 그저 지금 해야 할 일을 하면 된다. 여기에 더해 적어둔 걱정을 언제쯤 꺼내서 고민해 볼 것인지, 그 시간도 적어두면 좋다. 걱정 옆에 이렇게 적어보자. '너는 내가 3일 뒤 밤 10시부터 충분히 고민해 줄게!'

이제 다음 단계는 몰입을 위한 환경을 조성하는 것이다. 반드시 완벽하게 조용하고 통제된 상황을 말하는 건 아니다. 집중을 방해하는 요인을 최대한 제거하는 것만으로도 충분하다. 이메일이나 SNS 알림, 전화나 문자가 갑자기 울릴 가능성을 줄여보자.

업무 특성상 연락 오는 것을 완전히 차단할 수 없다면 어쩔 수 없지만, 그럴 때도 당장 답해야 하는 메시지가 아니라면 일정 시간 동안 모아두었다가 한꺼번에 답하는 것이 좋다. 일에 몰입하고 있다가 갑작스러운 연락으로 방해를 받으면 다시 하던 일로 주의를 전환하는 데까지 상당한 에너지가 필요하기 때문이다. 그 일의 리듬 안으로 들어가는 데까지 다시 예열이 필요하다. 그래서 한번 일이 중단되면 우리는 재빨리 일로 되돌아가지 못하고 눌러앉아 인터넷 서핑을 하거나 밀린 채팅창을 확인하면서 딴짓을 하게 되는 것이다.

이것저것 한꺼번에 일을 처리하는 멀티태스킹도 가능하면 멈추자. 전화통화를 하면서 데이터를 입력하거나, 유튜브를 보면서 이메일 답장을 쓰거나, 다른 사람과 대화하면서 글을 쓰고, 회의하면서 뉴스 기사를 읽는 등의 일들 말이다. 이렇게 한꺼번에 여러 가지 일을 처리하다 보면 그중 어떤 것도 제대로 하지 못한다. 멀티태스킹은 집중의 효율을 현저히 낮춘다. 멀티태스킹을 할 때 사람들은 흔히 이런 착각을 한다. "나 지금 두 가지 일을 동시에 해내고 있어! 나 꽤나 유능한 인재인가 봐!"

그러나 실제 결과물과 비교했을 때 멀티태스킹 유무

는 양적, 질적인 성과에서 분명한 차이를 보인다. 멀티태스킹을 많이 하는 사람에게서 뇌 속 전대상피질의 회백질 밀도가 상대적으로 더 낮았다는 결과가 관찰되기도 했다. 이것은 멀티태스킹이 인지 및 정서, 사회적인 조절 능력과 부정적인 관련성을 가지고 있을 가능성이 높다는 뜻이다. 그러니 이제부터 최대한 업무를 병렬이 아닌 직렬로 연결해 보는 것은 어떨까.

호손 효과를 이용하는 것도 방법이다. '호손 효과(Hawthorne effect)'는 내가 관찰되고 있다는 사실을 알 때 행동이 달라지고 작업 효율이 높아지는 현상을 의미한다. 이 효과는 1920년대에 미국의 전기 제품 제조공장인 '호손 웍스(Hawthorne Works)'에서 진행된 실험에서 기원한다. 당시 실험에서는 근무자를 두 집단으로 나누어 한 집단은 밝은 조명에서, 다른 집단은 어두운 조명에서 일하게 하면서 작업 능률의 차이를 관찰했다. 그런데 조명이 밝을수록 생산성이 증가할 것이라는 가설과 달리, 두 집단 모두에서 생산성이 증가하는 뜻밖의 현상이 관찰되었다. 이 현상의 원인은 이후 직원들을 대상으로 한 인터뷰에서 밝혀졌다. 직원들은 연구진이 자신들을 유심히 관찰하고 있음을 알고 회사로부터 인정받기 위해 평소보다 열심히 일했던 것이다.

우리도 호손 효과를 잘 활용하면 집중력을 끌어올리는 데 도움을 받을 수 있다. 아마도 많은 사람이 조용하고 쾌적한 집이나 회사보다 시끄럽고 불편한 카페에서 오히려 일이 더 잘 된다고 느껴본 적이 있을 것이다. 그러니 누군가에게 관찰될 수도 있는 환경을 의식적으로 조성해 보자. 카페에서 일해보는 것도 좋고, 자신이 일하는 모습을 영상으로 찍어보는 것도 좋다.

마지막으로 다음 몰입을 위한 휴식에 관해서도 이야기해 두고 싶다. 오랜 시간 집중하다 보면 때로는 시간 가는 줄 모르고 몰입하게 되는데, 그러다 보면 쉬고 싶지 않다는 마음이 들 때도 있기 마련이다. 그러나 그때가 바로 쉬어야 할 때다. 여전히 스스로는 일에 집중하고 있다고 느끼지만 실제로는 효율이 떨어졌을 가능성이 크기 때문이다. 누군가는 40분 혹은 1시간 단위로 일하고 쉬는 것이 맞을 수 있고, 누군가는 그보다 긴 시간을 몰두하다가 쉬는 게 맞을 수도 있겠지만 적어도 2시간 정도 일했을 때 최소한 20~30분 정도는 휴식하는 것이 좋다.

그리고 쉴 때는 제대로 쉬어야 한다. 알고리즘이 끊임없이 추천해 주는 짧은 영상을 멍하니 보는 일은 제대로 쉬는 행위와는 거리가 있다. 제대로 쉬는 가장 마땅한 행위는 몸을 움직이는 것이다. 자리에서 일어나 잠깐 걷거나 스트레칭을 하는 것도 도움이 된다. 신체의 혈류량이 늘어나고 생리학적인 이완이 촉진되면서 기분도 나아져 일에 다시 몰두할 힘을 얻을 수 있다.

우리는 의외로 우리에게 몸이 존재한다는 사실을 잊을 때가 많다. 그러면서 "왜 이렇게 효율이 안 나지?"라며 애꿎은 의지력을 탓하고 자책한다. 그러나 뇌와 신체는 서로를 긴밀하게 지배하고 있다는 사실을 잊지 말아야 한다. 뇌의 부하는 반드시 몸으로 풀자. 그것이 제대로 휴식하는 방법이다. 그리고 이것이 야근 안 해도 일 잘하는 김 대리의 마지막 비밀이다.

프로젝트가 실패해도
오뚝이처럼 살아나는 팀

―――――――――――― ✳ 칭찬의 심리학

◗◖

팀원 한 명이 일 처리를 잘못해서 프로젝트 일부가 어그러지고 말았다. 팀에 어두운 기운이 몰려든 지도 이틀째, 당신이 이 팀의 팀장이라면 어떤 이야기로 입을 뗄 것인가?

◗◖

정답은 바로 칭찬이다. 칭찬만큼 나와 상대 모두에

게 이로운 행위도 없다. 어떤 이들은 누군가를 날카롭게 비판할수록 자신이 돋보인다고 생각하지만, 사실은 그 반대다. 물론 비판이 필요한 순간도 분명히 있다. 그러나 비판이 지나치게 반복될수록 그저 '남을 잘 비판하는 사람'이 될 뿐 크게 긍정적인 효과를 보지는 못한다.

칭찬은 상대방의 자존감을 높일 뿐 아니라 칭찬을 건네는 이와 받는 이가 서로 간에 유대감을 느끼게 해준다. 그런데 이런 칭찬에도 잘한 칭찬과 안 하느니만 못한 칭찬이 있다. 칭찬은 대체 어떻게 해야 하는 걸까?

의외로 많은 사람의 마음 한구석에는 칭찬에 대한 알 수 없는 망설임이 존재한다. 인색해서가 아니다. 우리의 머릿속에 어느새 이런 생각들이 가득 차서다. '내 칭찬이 힘이 되면 얼마나 되겠어', '내 칭찬 때문에 오히려 불쾌해지는 것 아닐까?', '괜히 칭찬했다가 내가 아부한다고 생각하면 어쩌지?', '내가 너무 평가자처럼 보이려나?' 그런데 알고 있는가? 사람들은 생각보다 더 칭찬을 좋아한다. 당신이 그러하듯이!

코넬대학교의 심리학자 버네사 본스(Vanessa Bohns)

는 칭찬을 주고받기 전과 후에 칭찬을 건네는 사람과 받는 사람이 어떤 느낌을 갖는지에 관해 알아보는 연구를 했다. 칭찬하는 입장의 참여자들은 자신의 칭찬이 상대를 얼마나 기분 좋게 만들지 과소평가했고, 오히려 상대를 어색하고 불편하게 만들까 봐 걱정하기도 했다. 그래서 칭찬을 건네기 직전 이들은 불안 지수가 높아지기까지 했다.

그러나 이들의 우려와는 달리 칭찬을 받은 참여자들은 칭찬하는 사람이 예상했던 것보다 훨씬 더 기뻐했고 뿌듯해했으며, 칭찬을 받았을 때 엄청난 행복감을 느꼈다고 말했다. 흥미로운 또 하나의 사실은 칭찬을 건넨 사람들 역시 막상 칭찬 이후에는 불안이 급속도로 줄고 기분이 좋아졌다는 것이다. 그러니 칭찬의 내용이 다소 어색하거나 세련되지 않더라도 두려워 말고 칭찬을 건네자. 듣는 쪽에서는 당신의 따뜻한 의도에 초점을 맞출 것이다.

물론 주의할 점이 아예 없는 건 아니다. 마음껏 칭찬하자고 해놓고 바로 주의할 점부터 말하다니 김이 빠지겠지만, 바꿔 말하면 몇 가지만 주의하면 된다는 뜻이기도 하니 인내심을 가지고 조금 더 들어보자.

칭찬이 가진 양날의 검

리더십 강의나 관리자 직급을 대상으로 한 워크숍 후에 나도 팀원들을 마구마구 칭찬해 줘야겠다는 생각이 들어 갑자기 마음에도 없는 칭찬을 남발하면 오히려 역효과가 날 수 있다. 그런 방식의 칭찬은 몸에 밴 행동도 아니어서 오래가기도 어렵다. 따라서 효과적인 칭찬을 하기 위해서는 먼저 관찰하자. 그 사람의 장점이라고 생각하는 부분을 하나씩 발견한 후에 작은 것부터 천천히 칭찬해 보자. 갈수록 자연스럽고 진정성 있는 칭찬이 가능할 것이다.

다른 곳도 아닌 일터에서 칭찬하기 위해서는 더 디테일한 부분도 놓쳐선 안 된다. 특히 나의 칭찬이 나도 모르는 새 '미세공격(microaggression)'이 되지 않도록 신경 쓸 필요가 있다. 미세공격이란 일상생활에서 성별, 나이, 출신 지역 등 다양한 배경과 관련하여 행하는 은근히 차별적인 말이나 행위를 의미한다. 나쁜 의도를 가지고 한 말이 아니니 억울한 마음이 들 때도 있겠지만, 세상의 윤리적인 기준은 점차 높아지고 있다. 과거의 칭찬이 오늘날에는 칭찬이 아닐 수 있다는 사실을 받아들이자.

다양한 인종이 어울리는 미국의 경우 미세공격과 관련한 논의가 이미 활발히 진행되어 왔다. 이들이 말하는 미세공격의 사례 몇 가지를 들어보겠다. 백인이 아닌 사람에게 "그런데 영어를 참 잘 하시네요"라고 말하는 것, 아시아인에게 "역시 아시아인이라 수학 실력이 뛰어나시네요!"라고 말하는 것, 아프리카계 미국인에게 "머리카락이 정말 이국적이고 아름답네요"라고 말하는 것 등이다. 언뜻 들으면 칭찬처럼 들리는 이 말들 너머에는 백인이 아닌 사람은 당연히 미국인이 아니므로 영어가 서투를 것이라는 전제, 아시아인이라면 수학을 잘 할 것이라는 인종적 편견, 아프리카계 사람의 신체적 특징을 특

이한 것으로 취급하는 태도가 녹아 있다. 그렇다면 우리
의 일터에서 발견하기 쉬운 미세공격에는 무엇이 있을
까?

① (지방에서 온 동료에게) "사투리 전혀 티 안 나는데요?" 혹
   은 "사투리가 너무 귀여우세요."

② (20대 팀원에게) "요즘 젊은이들 같지 않게 성실하고 책임
   감도 대단하네."

③ (아이를 키우는 여성 동료에게) "다른 아이 엄마들처럼 힘든
   일 못 맡는다 하는 경우도 없고, 존경스러워요."

당신이 이런 말을 들었다면 기분이 어떨 것 같은가?
이런 종류의 칭찬은 듣는 사람이 속한 집단을 비주류
로 생각한다는 전제가 느껴져 듣는 이가 온전히 기뻐하
기는 어려울 가능성이 크다. 이왕이면 서로가 기뻐할 수
있는 칭찬을 하자. 제일 쉬운 방법은 칭찬을 듣는 사람
이 속해 있는 집단과 관련된 속성 자체를 군이 언급하지
않는 것이다. 그저 "말씀을 잘 하신다", "성실하고 책임
감이 있으시다", "어려운 일을 잘 도맡아 주셔서 감사하

다" 정도면 마음을 전하기에 충분하지 않을까?

비슷한 나쁜 예로 외모에 대한 칭찬이 있다. 외모에 대한 칭찬은 자칫하면 본전도 못 건질 가능성이 매우 크다. 일터는 외모가 아닌 역량으로 소통하는 곳이기 때문이다. 외모와 관련한 칭찬이 상대에게 어떤 감정을 불러일으키는지를 관찰한 이탈리아의 한 연구를 살펴보자. 이 연구에서는 대학생을 대상으로 도서관 직원 선발 면접을 본다는 시나리오하에 참여자들을 면접에 참여하게 했다. 면접관은 그들 중 한 집단에는 외모와 옷차림에 대해 칭찬했고, 다른 집단에는 그들의 능력에 대해 칭찬했다. 남학생의 경우 외모 칭찬을 들었을 때 특별히 심리적 고통이 증가하지 않았지만, 여학생의 경우에는 외모 칭찬을 들은 집단에서 불안 및 우울 지수가 유의미하게 증가하는 현상을 관찰할 수 있었다. 이는 업무와 관련해서 자신이 역량보다 외모로 평가받을지 모른다는 여성들의 불안감이 자극되었기 때문이다. 이 연구에서 남성의 외모에 대한 칭찬은 역효과를 보이지 않았으나, 여성에게든 남성에게든 회사에서 필요한 덕목과 무관한 외모에 대한 언급은 그것의 의도가 설령 칭찬일지라도 조심하는 것이 좋겠다. 발표를 무사히 마친 직원에게 "김 주임이 예쁘니까 사람들이 다 집중해서 듣더라고!"보다는 "귀에 쏙쏙 들어오는 멋진 전달력이었어요!"라고 말해주는 것이 더 좋다는 건 모두 알고 있지 않은가?

진심이라면 주저하지 말 것

칭찬할 때 주의할 점을 알았다면 이제 다시 칭찬 잘하는 법으로 돌아와보자. 다음은 앞 장에서도 계속 강조했던 구체성에 관한 이야기다. 칭찬할 때도 여느 때와 마찬가지로 구체적인 것이 좋다. 너무 막연하거나 누구에게나 할 수 있는 칭찬보다는 구체적이고 당사자에게만 할 수 있는 칭찬일수록 효과가 좋기 때문이다. 상대방이 성과를 이루기까지 기울인 노력에 대해서도 함께 언급한다면 금상첨화다. 그럴수록 듣는 사람은 그 칭찬이 온전히 자신만을 향해 있다고 느낄 것이다. 그리고 뭔지 모를 의욕도 샘솟을 것이다.

예를 들어 "이번 프로젝트도 잘했어요. 고생했어요!"라고 말하는 대신 "이번 프로젝트는 데이터 분석을 어떻게 하느냐가 관건이었는데, 그 부분을 김 과장이 잘해줘서 성공적으로 마친 것 같아요. 역시 노하우가 있네요"라고 말하는 것이 더 효과적이다.

직접 칭찬하는 게 영 어색하고 부끄럽다면 때로는 다른 사람이 했던 칭찬을 대신 전달해 주는 방식으로도 자연스러운 칭찬이 가능하다. 칭찬을 받는 사람은 그 칭찬을 실제로 했던 사람뿐 아니라 그것을 전해준 메신저(나!)에 대해서도 긍정적인 기억을 가지게 되기 때문에 이 방식은 결국 모두의 소속감을 강화하는 데도 도움이 된다. 당장 오늘 점심시간에 시도해 보자.

"옆 부서 김 대리님이 그러던데, 이번에 박 주임님 기획안이 지금까지 본 기획안 중 최고였대요! 그 얘기를 듣는데 제가 주임님이랑 같은 팀이라는 게 너무 자랑스러웠어요!"

때로는 내 칭찬이 주제넘은 평가처럼 들릴까 봐 칭찬을 망설이는 사람들도 있을 것이다. 특히 나보다 직급이 높은 사람에게 긍정적인 피드백을 건네고 싶을 때 우리는 더욱 망설이곤 한다. 그럴 때는 내가 받은 긍정적인 인상과 함께, 관련된 질문을 던지면 훨씬 자연스럽다. 이 방법은 상대에게서 실제로 유용한 팁을 들을 수도 있으니 일석이조가 아닐 수 없다. 예를 들면 "아까 고객사랑 협상하실 때 마지막에 하신 제안에 감탄했어요. 그렇게 대응하는 방법이 있을 거라고는 생각을 못 했는데…. 어떻게 떠올리시게 된 건지 궁금해요!" 이런 식이다. 칭찬은 선물과도 같다. 마땅하거나 정답인 방법이 따로 있는 것이 아니다. 엉성한 포장이라도 좋으니 진심이라면 표현해 보자. 그럴 때 상대도 나도 더 행복해질 수 있다.

잘 들인 습관 하나
열 능력치 안 부럽다

—————————————— ✳ 습관의 심리학

◖◗

일주일 전에 받은 메일. 회신을 안 하면 큰일 나는 일이지만 그렇다고 엄청 급한 일도 아니다. '오늘 할 일' 목록에서 며칠째 사라지지 않고 있는 이 목록을 당신이라면 오늘 처리할 것인가?

◖◗

좋은 습관을 들이려는 시도, 그리고 나쁜 습관을 없

애려는 시도를 한 번도 안 해본 사람은 없을 것이다. 이것이 좀처럼 쉬운 일이 아니라는 사실도 당신은 알고 있을 것이다. 우리가 아침에 눈뜰 때부터 잠들 때까지 해야 하는 모든 일은 크게 네 가지로 나뉜다.

① 중요하고 급한 일

② 중요하지만 급하지는 않은 일

③ 중요하지는 않지만 급한 일

④ 중요하지도 급하지도 않은 일

중요하지도 급하지도 않은 일은 대충 하거나 제쳐두면 된다. 중요하고 급한 일이나 중요하지는 않지만 급한 일은 결국 어떻게든 할 수밖에 없는 일이다. 그러고 나면 남는 것은 중요하지만 급하지는 않은 일이다. 이런 일들이 늘 우선순위에서 밀린다. 그리고 '습관'은 바로 이런 일들에 개입한다.

고백하자면 나는 어릴 때부터 젓가락질이 서툰 편이었지만, 당장 밥을 먹는 데 큰 불편함이 없어 급하지 않다 보니 결국 고쳐지지 않은 채로 수십 년이 미뤄졌고 지금도 젓가락질이 서툴다. 만약 내가 젓가락질이 서툴러 밥을 못 먹을 정도였다면 마음이 급했을 것이고 그러면 진작 제대로 젓가락질을 할 수밖에 없었을 것이다. 중요하지만 급하지 않은 일은 항상 이런 취급을 받는다. 그만큼 습관을 바꾸는 일이란 원래 어렵다.

그러나 습관은 우리 삶의 아주 많은 부분을 차지한다. 우리가 하는 모든 일상적인 활동의 43퍼센트는 저절로 하게 되는 행동, 즉 습관이라는 통계가 있다. 그래서 우리는 습관을 바꾸기 위해 계속 노력하지 않을 수 없다. 이것이 삶의 변화를 만들어내는 핵심이기 때문이다.

한 번에 하나씩만

먼저 '왜'라는 질문을 던져보자. 나는 왜 이런 습관을 만들고 싶은가? 또는 왜 이런 습관을 없애고 싶은가? 내가 왜 습관을 바꾸고 싶은지, 그래서 얻고자 하는 절실한 목표가 무엇인지, 그것을 이루었을 때 나는 어떤 사람이 되어 있을 것 같은지를 구체적으로 떠올려 보자. 어떤 습관을 만들고 싶든 간에 이 과정이 제일 먼저다.

동기를 다졌다면 이제 다음 단계는 '한 번에 하나씩만 공략하는 것'이다. 한 가지 습관을 들이거나 없애는 일도 힘든데 '갓생'을 위해 '매일 운동, 영어공부, 독서를 30분씩 해야지!' 하는 엄청난 포부를 다진다면 얼마 못 가 하나씩 구멍이 나기 시작하고 결국 아무런 습관도 내 것으로 만들지 못할 것이다. 부디 한 번에 딱 하나의 습관만을 내 것으로 만든다 생각하고 아주 사소한 것부터 시작하자.

작은 예를 들어보겠다. 나는 비록 젓가락질을 제대로 하는 습관을 들이는 데는 실패했지만, 매일 스트레칭을 하는 습관을 들이는 데는 성공했다. 운동을 못하는 날에 조금이라도 몸을 더 움직이고 싶은 마음에서였다. 그런데 이런 결심을 하면 고작 3분 가량의 스트레칭을 하는 일이 너무 미미한 것 같아 더 몸을 움직여볼 궁리를 하게 된다. 한 정거장 전에 내려서 걸어도 좋을 것 같고,

엘리베이터 대신 계단을 이용해도 좋을 것 같다. 그렇게 무리해서 많은 부분을 바꾸려다 보면 계획은 어느새 작심삼일이 되고, 우리는 "이런 게 다 무슨 소용이야"라며 다시 원래의 생활로 돌아오게 될 것이다. 그래서 다른 건 몰라도 일단 스트레칭을 3분만 해보기로 마음먹은 것이다. 그 결과 이제는 애쓰지 않아도 자연스럽게 하루 3분 스트레칭을 하게 되었다. 다음 목표는 스트레칭 시간을 5분으로 늘리는 것, 또 그다음 목표는 집에 올 때 엘리베이터 대신 계단 이용하기다.

66일의 기적

이제 나쁜 습관이 사라진 자리에 들어갈 새로운 습관을 마련하자. 무언가를 '하지 않는' 습관을 들이는 일은 성공하기 어렵다. 원치 않는 습관을 없애려면 그 자리에 반드시 새로운 습관을 채워 넣어야 한다. 무언가를 하지 않으려는 순간 생기는 인지적, 행동적인 공백을 메워

주지 않으면 다시 기존 습관의 지배를 받을 수밖에 없기 때문이다.

'업무시간에 핸드폰을 보지 않겠다'라는 다짐보다는 '업무시간에 핸드폰을 보는 대신 책상에 널브러진 서류 정리를 하겠다'라는 계획이 좋다. 자, 이제 응용해보자. '보고할 때 말꼬리 흐리는 버릇을 없애겠다'라는 다짐보다 현실적인 것은 '문장의 마지막 '다'를 빼먹지 않겠다'라는 다짐이다.

습관이 온전히 형성되고 정착하는 데 걸리는 시간은 평균 66일이라는 연구 결과가 있다. 더도 말고 덜도 말고 딱 10주만 바라보자. 10주 동안 노력해서 원하는 습관을 '제2의 천성'으로 만들 수만 있다면 꽤 시도해 볼 만하다.

습관은 결국 '절차적 기억(procedural memory)'이다. 절차적 기억이란 자전거를 타거나 신발 끈을 묶거나 운전을 하는 일처럼 그 방법을 애써서 떠올리지 않아도 되는 행위와 관련된 기억이다. 절차적 기억으로 이루어지는 것이 아닌 행위, 즉 의식적인 노력이 필요한 행위를 할 때는 전전두엽이 활발히 개입한다. 전전두엽은 충동을 억제하고 의지력을 발휘하기 위해 필요한 뇌의 부위다. 관건은 그 행위에 쓰이는 전전두엽의 부하가 점차 줄어들도록 하는 것이다. 그래야 몸이 너무 피곤하거나 감정적으로 압도되어 전전두엽이 많은 일을 하고 있을 때도 습관을 수월하게 유지할 수 있기 때문이다. 원하는 습관을 유지하는 데 쓰이는 전전두엽의 부하를 10주간의 노력으로 줄일 수 있다면 그 습관은 온전히 당신의 일부가 될 것이다.

이번에는 조금 더 구체적인 방법을 이야기해 보려 한다. 한 가지 습관을 만들고 싶을 때 습관을 순서대로 쪼갠 뒤 제일 첫 번째 행위만 한다고 생각해 보자. 우리는 보통 어떤 습관을 단일한 행동의 단위로 표현하지만, 사실 그 행동은 여러 단계의 절차로 나뉘어 있다. 예를 들어 '업무 메일 처리하기'라는 하나의 행동은 순서대로 이루어진 여러 하위 행동의 조합이다.

컴퓨터를 켜서 메일함 열기 → 읽지 않은 메일 클릭하기 → 메일 읽기 → 메일의 요지 파악하여 처리 프로세스 떠올리기 → 답장하고 적절하게 일 처리하기

회의도 마찬가지다.

회의 참고자료 찾기 → 회의자료 작성하기 → 자료 출력하기 → 발표 스크립트 짜기 → 자료 챙겨서 회의실로 가기 → 출력물 나눠주기 → 회의 진행하기

회의를 하나의 덩어리로 생각하면 너무 막연하고 무거워진다. 일단 회의에 쓰일 참고자료만 찾는다고 생각하자. 그러고 나면 회의자료를 작성할 용기가 조금은 생길 것이며, 발표 스크립트를 짜고 회의를 진행할 추진력도 얻을 수 있을 것이다.

습관 만들기의 정석

다양한 습관 중에서도 연구가 가장 활발히 이루어지

는 분야는 바로 건강 관련 습관이다. 어떻게 하면 가공식품을 덜 먹을 수 있을지, 어떻게 하면 채소와 과일의 섭취를 늘릴 수 있을지, 꾸준히 운동하는 습관을 효과적으로 만들 수 있는 방법은 무엇일지에 관한 수많은 연구가 있으며, 이 연구들에서 습관과 관련한 유용한 힌트를 얻을 수 있다. 그중 치실 사용 습관과 관련한 흥미로운 연구를 하나 살펴보자.

연구자들은 한 집단에는 '매일 밤 양치질 후 칫솔을 내려놓고 치실질을 한다'라는 지시를 주었고 다른 집단에는 '매일 밤 양치질을 하기 위해 칫솔을 들기 전에 치실질을 한다'라는 지시를 주었다. 4주 동안 참여자들은 다음 날 아침에 전날의 치실 사용 여부를 알려달라는 문자에 답장하는 방식으로 습관을 실천했는지를 보고했는데, 두 지시의 효과 차이는 놀라웠다. 치실 사용을 양치질 전에 하도록 안내받은 집단에 비해 양치질 후에 하도록 안내받은 집단이 더 자주, 더 꾸준히 치실을 사용한 것이다. 이 효과 차이는 8개월이 지난 후 추적 관찰했을 때 더 커져 있었다.

이처럼 이미 익숙한 기존의 습관 뒤에 새로운 습관을 배치하면 새로운 습관을 실행하기 위해 필요한 뇌의 부하가 훨씬 적기 때문에 습관을 안착시키는 데 유리하다. 이때 익숙한 습관과 새로운 습관은 서로 연관성을 가지고 있을 때 훨씬 효과적이다. 그러니까 아침 기상 후나 샤워 후 치실질을 하는 것보다는 양치질 후에 치실질을 하는 것이 훨씬 효과적이라는 뜻이다. 양치질이라는 기존의 습관과 치실질이라는 새로운 습관은 둘 다 '치아 건강 관리'라는 주제로 묶이기 때문에 뇌에서 더욱 소환이 쉽기 때문이다.

그러니 매일 아침 업무 관련 기사를 읽고 싶다면 업무 시작 전에 기사를 읽어야겠다고 생각하지 말고 업무와 관련된 기존의 습관, 예를 들어 그날 할 일 리스트를 정리한 후에 업무 관련 기사를 읽는 순서로 습관을 구성하는 쪽이 더 효과적일 것이다.

반가운 보상에 관한 이야기도 빼놓을 수 없다. 우리가 어떤 습관을 만들고 싶을 때, 그 습관에 대한 진정한 보상은 보통 눈에 바로 보이지 않거나 늦게 찾아오는 것인 경우가 많다. 운동을 하루 한다고 해서, 업무 관련 기사를 한 번 읽었다고 해서 바로 어떤 보상을 얻는 것은 아니라는 뜻이다. 우리는 사람이기 때문에 먼 미래의 불확실한 보상만 바라고서는 습관을 온전히 내 것으로 만들기 어렵다. 그래서 먼 미래에 받을 수 있는 보상 이외에도 아주 가까운 미래나 지금 당장 나에게 줄 보상을 만들어두는 것이 안전하다.

예를 들어 오전에 밀린 메일 업무를 처리하면서 신나는 노래나 재미있는 팟캐스트를 들을 수 있다고 생각하면 좀 더 기쁜 마음으로 일할 수 있을 것이다. 전날 메일 업무를 처리하면서 들었던 노래나 팟캐스트의 뒷부분 내용을 궁금해하는 마음으로 하루를 시작한다면 메일 업무를 미루는 일은 없지 않을까? 가장 피하고 싶은 업무를 미루지 않기 위해서 그 업무를 처리하고 나면 달콤한 휴식의 시간을 잠시 갖는 것도 방법이다. 직장인이 그래도 되냐고? 그 정도 소소한 월급루팡은 아마도 괜찮지 않을까?

실수했을 때
가장 먼저 해야 하는 일

✳ 사과의 심리학

당신이 오늘 회사에서 몇 번이나 사과했는지 세어보자. 그리고 모든 상황에서 내 사과가 필요했는지, 적절했는지 생각해 보자.

언제부턴가 사과를 너무 남발하지 말라는 조언이 많아졌다. 많은 이들이 '죄송합니다'라는 표현은 되도록 아끼다가 정말 사과해야 할 상황일 때 써야 그 가치가 있다고 말하곤 한다. 이런 조언에 흔히 함께 등장하는 예시가 있는데, 약속에 늦었을 때 "늦어서 미안해" 대신 "기다려 줘서 고마워"라고 말하라는 것이다. 그런데 고마움을 표현하는 일과 사과하는 일은 호환되기 어려운 별개의 행위라는 점에서 적절한 예라고 볼 수 있을지 의문이다.

물론 이런 조언이 등장하게 된 이유는 있다. 지나치게 자주 혹은 여러 번 사과하는 사람은 쉽게 무시당할 수 있고 항상 잘못한 사람처럼 굴면 잘못이 없어도 잘못한 사람처럼 보이기 쉽다는 것이다. 일로 이어진 관계에서는 더더욱 사과가 때로는 약점이 될 수 있기 때문에 특별히 조심해서 사용해야 한다고도 말한다.

직장동료나 고객과의 관계를 생각해서 잘못하지 않은 일에도 유감을 표하며 건넸던 사과가 정말로 부당한 책임으로 돌아올 때가 있는 것도 사실이다. 자신이 팀이나 회사를 대표하고 있다는 점을 간과한 채 너무 순진하게 사과했다가 난처해지는 일은 실제로 벌어진다. 그래서 내가 책임질 수 있는 범위를 넘어서는 영역에서 공식적인 사과를 하거나 배상을 약속하는 일은 당연히 조심해야 한다.

그러나 정말 법적으로 관건이 될 만한 사안이거나 사과했다는 이유만으로 모든 책임을 뒤집어써야 하는 상황이 아니라면 사과하기를 너무 망설이거나 두려워하지 말라고 말하고 싶다. 사과는 절대 비굴한 것이 아니고 오히려 자존감이 높은 사람만이 잘해낼 수 있는 용기 있는 행위다. 사과 한 번 한다고 해서 깎여나갈 가치라면 애초에 진정한 가치가 아니었을 가능성이 크다.

실제로 적절하고 정중한 사과는 큰 힘을 발휘하며 때로는 사과만으로도 사태 악화를 막을 수 있다. 각자의 경험을 떠올려 보자. 부당함에 항의하다가도 진심 어린 사과에 기분이 나아져서 더 이상의 요구를 하지 않게 된 때가 있는가 하면 작은 항의에서 시작했는데 상대가 시치미를 떼거나 지나치게 방어적으로 나오는 바람에 불쾌함이 점점 더 상승한 때가 있지 않았는지를.

때로는 약속 위반에 대한 피해보상 없이 건네는 정

중한 사과만으로도 상대의 용서를 이끌어낼 수 있다는 연구도 있다(그렇다고 보상을 할 필요가 없다는 뜻은 아니다). 연구를 자세히 살펴보자. 연구진은 참여자들에게 다음과 같은 상황을 제시했다.

성적이 좋아 3000달러의 장학금을 받은 학생이 있는데 이 학생은 학교로부터 다음 해에도 좋은 성적을 유지했을 경우 7000달러를 추가로 주겠다는 약속을 받는다. 이 학생은 모든 수업과 과제를 열심히 수행하고 성실히 공부해 좋은 성적을 받았지만 날벼락처럼 장학금이 그대로 3000달러에 불과하다는 통보를 받는다. 당황한 학생은 학교에 항의하는 편지를 보낸다.

이때 학생에게는 다음 네 가지 중 한 가지 조치가 취해졌다. 첫째, 사과도 보상도 없는 것. 둘째, 약속했던 보상은 없이 사과만 하는 것. 셋째, 사과는 없이 약속했던 보상만 하는 것. 넷째, 약속했던 보상과 사과를 모두 하는 것. 과연 이 네 가지 선택지를 들은 참여자들은 어떤 반응을 보였을까?

물론 사과와 보상이 함께 주어진 경우에 참여자들

은 학교를 가장 많이 용서할 수 있었다. 사과 없이 보상만 해준 경우에도 용서한 참여자의 비율이 높았지만 의외의 결과가 있었다. 약속했던 보상은 받지 못하고 사과만 받은 경우에도 참여자들은 학교를 대체로 용서한 것이다. 사과라는 최소한의 언어적 행위는 실질적인 보상이 수반되지 못할 때조차 효과를 발휘한다는 것이 밝혀진 순간이다.

사과에도 요령이 있다

그런데 이쯤에서 사과하고 싶은 마음은 굴뚝 같은데 사과를 어떻게 해야 좋을지 몰라 망설이게 된다는 분들도 있으리라 생각한다. 물론이다. 사과에도 요령이 있다. 일단 사과는 너무 과하지 않아야 한다. 담백하게 '죄송합니다', '제 잘못입니다', '사과드립니다', '저의 과오로 인해 불편함이 크셨을 것 같습니다' 정도만 말해도 충분하다. 그리고 습관적인 사과를 조심해야 한다. 메일이나 메신저로 몇 가지 응당 할 수 있는 요청이나 질문을 하는 경우에는 매번 죄송하다는 말을 붙이는 대신 '혹시', '괜찮으시다면' 같은 표현으로 대체할 수 있다. 위에서도 한 번 이야기했지만 사과해야 할 때와 감사해야 할 때를 구분하는 것도 중요하다. 다음 상황을 보고 고마워해야 하는 상황인지 사과해야 하는 상황인지 판단해 보자.

당신은 몇 시간 뒤 영어 프레젠테이션을 앞두고 있다. 회사에서 영어로 발표하는 것은 처음이고, 당신은 영어 실력이 별로 좋지 않은 편이다. 이럴 때 당신은 청중들에게 미리 사과를 해야 할까? 이것은 전혀 사과할 일이 아니다. 그럴 필요가 없으며 오히려 사과하지 않아야 한다. 미리 사과하며 발표를 시작할 경우 발표를 잘해도 괜히 못 미더운 내용인 것처럼 느껴질 우려가 있다. 실력이 불필요하게 평가절하될 필요는 없지 않은가. 무엇보다도 당신이 영어를 못하는 것이 잘못은 아니다. 그저 진지하게 노력하는 모습으로 발표에 임하기만 하면 된다.

그렇다면 이런 경우는 어떨까? 내가 잘못한 것은 아니지만 이런저런 상황 때문에 맡고 있던 프로젝트의 일정이 조금 빠듯해진 상황이라고 생각해 보자. 그런데 팀장님은 왠지 내가 사과하길 바라는 눈치라면? 내가 정말 고과에서 손해를 보거나 부당하게 무언가를 배상해야 하는 것이 아니라면 그냥 사과를 해주는 것도 나쁘지 않다. '옜다! 사과하고 만다!' 하는 마음으로 말이다. 특히 동료들 또한 내 잘못이 아니라는 걸 알고 있다면 더더욱 그렇게 하는 것이 나쁠 것 없다. 어차피 사람들은 대체로 누가 잘못하고 있는지를 이미 직감적으로 알고 있다.

마지막으로, 조건부 사과는 안 하느니만 못하다. "기분이 나쁘셨다면 죄송합니다"라는 말은… 텍스트만으로도 기분이 나빠진다.

좋은 사과의 여섯 가지 요소

2016년 로이 르위키(Roy Lewicki) 교수는 연구를 통해 회사에서 가장 효과적인 사과는 여섯 가지의 요소로 구성되어 있음을 밝혀냈다. 약 700명의 참여자를 대상으로 한 연구에서 참여자들은 고객의 세금을 잘못 신고해 버린 직원에게 사과를 받는 상황에 놓이게 된다. 연구진은 이때 참여자들이 어떤 경우에 가장 만족스럽게 사과를 받아들이고 용서할 수 있는지에 대해 살펴보았다. 그리고 사과를 받는 사람들이 공통적으로 만족감을 보인 요소 여섯 가지를 찾아냈다.

① 유감 표현하기
"제가 실수했다는 사실을 알았을 때 많이 후회했습니다."

② 상황 설명하기
"정확한 세금 코드를 몰랐는데도 확인하지 않아 이런 실수를 하게 되었습니다."

③ 책임 인정하기
"전적으로 제 잘못입니다."

④ 뉘우치기
"다시는 이런 일이 일어나지 않도록 세금 코드를 여러 번 확인하겠습니다."

⑤ 방안 제시하기
"잘못된 세금 신고로 인한 문제를 모두 처리해 드릴 것이

며 피해복구를 위한 조치를 끝까지 시행하겠습니다."

⑥ 용서 구하기

"너그러운 마음으로 이해해 주시면 감사하겠습니다."

연구 결과 이 여섯 가지 요소 중 많은 요소를 갖추면 갖출수록 효과적으로 용서를 이끌어낼 수 있었다. 그중에서도 특히 중요한 요소가 있다면 무엇이었을까? 가장 중요한 것은 책임 인정하기, 그다음이 방안 제시하기, 마지막이 상황 설명하기였다. 의외로 용서 구하기는 여섯 가지 요소 중 가장 중요도가 떨어졌고 심지어 빠져도 큰 영향이 없을 정도였다.

그렇다면 이제 회사에서 실수했을 때 가장 먼저 해야 하는 일이 무엇일지 정리해 보자. 일단 책임을 인정하고, 그다음 상황이 발생한 경위를 설명한 후, 그래서 앞으로 어떤 노력을 할 것인지까지 말하면 완벽하다. 차분하고 진정성 있는 어조라면 더더욱 충분하다. 이렇듯 사과의 여섯 가지 요소는 회사에서 특히 중요하지만, 그 외의 관계에서도 마찬가지로 효과적이다. 친구와의 약속을 어기게 되었다면 앞으로는 이렇게 말해보자. "정말 미안해. 퇴근 전까지 일을 마무리할 수 있을 줄 알았는데 급한 업무가 갑자기 생겼어. 이런 상황도 생각했어야 했는데 내 잘못이다. 앞으로는 업무일정을 잘 조율해 놓고 조금이라도 일정이 불확실해지면 더 빠르게 알려줄게. 혹시 다음에 네가 괜찮은 날로 시간을 다시 잡아볼 수 있을까? 그때 꼭 맛있는 거 살게." 어떤 친구라도 이런 사과 앞에서는 마음이 풀리지 않을까?

글을 마치기 전에 마지막으로 당부할 것이 있다. 사과를 잘하는 것은 물론 너무나 중요하지만, 사과를 잘했다고 해서 상대가 무조건 용서해 줘야 한다고 생각하는 건 조금 위험하다. 잘못했기 때문에 사과하는 것이라는 사실을 우리는 잊어서는 안 된다.

일도 사랑만큼
타이밍이 중요하다

───────────────── ✳ 미루기의 심리학

최근 재미있는 SNS 게시물을 하나 발견했다. '미루는 습관을 극복하는 열한 가지 방법'이라는 제목의 게시물이었는데 혹해서 클릭해 봤더니 글쎄 이렇게 쓰여 있었다.

'내일 꼭 올리겠습니다.'

미루는 습관은 많은 사람의 고민거리다. 나 역시 이 글의 첫 문장을 적기까지 꽤 많은 시간이 소요됐다. 괜히 출출한 기분에 냉장고 문을 열었다가 닫았고, 부쩍 자란 손톱이 거슬려 다듬었고, 평소에는 잘 들여다보지 않는 단체 채팅방의 밀린 대화까지 정독했고, 글 쓰면서 틀어 놓는 음악이 문득 너무 늘어지는 것 아닌가 하는 생각이 들어 요즘 들을 만한 음악을 찾아보다가 '어라, 이 가수가 신곡을 냈구나!' 하면서 알고리즘의 늪에 빠졌다 나오기도 했다. 분명히 오전부터 글을 쓰기로 마음먹었던 것 같은데 점심 먹을 시간이 다가올 때쯤 되니 이런 생각이 들었다. '어쩔 수 없이 밥 먹고 해야겠네….'

솔직한 이야기를 적어놓고 보니 이 장의 솔루션을 못 미더워할지도 모르겠다는 걱정이 되지만 덧붙여 변명을 잠깐 하자면 세상에 해야 할 일을 안 미루는 사람은 거의 없다. 미루기, 전문용어로 '지연행동(procrastination)'과 관련한 연구 분야에서 유명한 학자인 조 페라리(Joe Ferrari)는 이렇게 말했다. "우리 모두 미룬다. 그러나 우리 모두가 지연행동자는 아니다." 미루기 자체는 지극히 인간적인 행위라는 뜻이다. 그렇다면 보편적인 수준을 넘어서 만성적이고 습관적인 지연행동자가 된 사람은 어떻게 알아볼 수 있을까? 지연행동자는 세 가지 기준으로 확인할 수 있다. 첫째는 일을 미루고 있는 내가 많이 고통스러운지(주관적 불편감), 둘째는 효율적으로 일을 끝내기 위한 것이 아니라 원치 않는 미루기인지(비의도성), 셋째는 미루기로 인해 실질적인 손해를 입고 있는지(역기능성)다.

이런 만성적인 지연행동자들은 전체 인구 중 20퍼센트에 이르는 것으로 추정된다. 물론 일을 미루는 사람과 지연행동자는 연속선상에 있기 때문에 무 자르듯 나누기 어려울 때도 있다. 그러니 우리 모두 미루기에서 자유로울 수 없다는 사실을 받아들이면서 어느 정도의 미루기는 인간적이라고 여기되, 미루기로 인한 괴로움을 조금이나마 줄일 방법을 고민해 보자.

미루기의 가장 큰 피해자

그렇다면 우리는 대체 왜 일을 미루는 걸까? 미루기의 핵심은 감정이다. 재미있는 실험 하나를 먼저 소개한다. 앞서 언급한 심리학자 페라리는 같은 과제를 두고도 우리가 느끼는 압박감에 따라 그 일을 미룰 수도, 미루지 않을 수도 있다는 사실을 발견했다. 그는 연구 참여자들에게 똑같은 수학 문제를 풀도록 요청했는데, 절반에게는 수학 문제를 얼마나 잘 푸는지에 따라 인지 능력이 평가된다고 말했고 나머지 절반에게는 재미를 위해 만들어진 게임이라고만 말해주었다.

결과는 어땠을까? 동일한 과제를 평가라고 인식한 집단은 문제를 푸는 동안 머리를 빗고, 책상 서랍을 열어 내용물을 살펴보고, 손톱을 뜯고, 심지어는 게임을 하는 등 도통 문제에 집중하지 못하고 문제 풀기를 미루는 경향을 보였다. 그러나 같은 과제를 게임이라고 안내받은 이들에게서는 두드러진 미루기 경향이 보이지 않았다. 우리가 주어진 과제를 어떻게 느끼고 받아들이느냐에 따라 그 과제를 미룰지 미루지 않을지도 영향을 받은 것이다. 이쯤 되면 시험 기간에는 뉴스도 재미있다는 말이 영 없는 말은 아님을 알 수 있다.

때로는 실패에 대한 두려움 때문에 일을 미루기도 한다. 누군가 혹은 나 자신으로부터 부정적인 평가를 받을 때 우리는 아프다. 그래서 스스로를 보호하기 위해 평가받을 일을 미루는 것이다. 능력이 부족한 것보다는 노력이 부족하다고 여겨지는 게 어쩌면 덜 고통스럽기 때문이다.

임포스터 현상에 관한 부분에서도 말했듯이 사람들에게는 실패에 대한 두려움만큼이나 성공에 대한 두려움도 존재한다. 직관적으로는 잘 와닿지 않을 수도 있지만 성공에 대한 두려움은 의식적인 수준보다는 무의식적인 수준에 존재한다. 그래서 내가 실제로 능력 있음에도 불구하고 그 사실을 스스로 믿지 못할 때, 무언가를 잘해내는 자신의 모습이 자아상과 일치하지 않을 때, 스스로 성공할 자격이 없다고 느낄 때 나도 모르게 일을 미루게 되는 것이다.

    이런 감정들을 다스리기 위해 우리가 할 수 있는 일은 나 자신을 용서하는 일이다. 많은 사람이 용서와 허용을 혼동하지만, 용서는 앞으로 그렇게 해도 된다는 허용과는 다르며 오히려 미래에는 변화하겠다는 결심과 책임감이 담긴 행위다. 내가 나를 비난하면 나는 더 멀리 도망가고 회피하고 숨을 수밖에 없다. 스스로를 용서해야만 우리는 미루는 행위가 가져다주는 죄책감과 수치심, 후회로 인한 고통을 줄일 수 있다.

    대학생을 대상으로 한 연구에서 자신의 미루는 습관이 중간고사 시험 성적에 영향을 미쳤다고 생각한 학생 중 미루는 자신을 용서할 수 있었던 학생은 그 이후 치른 두 번째 시험에서는 미루는 경향이 의미 있게 줄어들었다. 반면, 자신의 미루는 습관을 용서하기 어려웠던 학생은 계속해서 부정적인 감정을 경험했으며 미루는 행동 역시 계속되었다.

    그러니 속는 셈 치고 나를 용서해 보자. "다음에 또

미루기만 해봐라, 이 형편없는 구제불능아!"라고 나를 채찍질하기보다는 "미루는 동안 제일 속이 타들어 간 사람도 나였지, 속앓이하느라 고생했어. 다음부터는 어떻게 하면 미루지 않을 수 있을지 고민해 보자"라고 나에게 말해주자.

일단 발을 담갔다면 끝낼 수밖에 없는 것

'오브시안키나 효과(Obsiankina effect)'를 활용하는 것도 좋은 방법이다. 이 효과는 중간에 멈춘 작업을 다시 시작하고 싶어 하는 경향을 뜻한다. 심리학자 마리아 오브시안키나(Maria Obsiankina)의 이름을 딴 것인데, 그는 어떤 작업이 완료되지 않은 상태로 남아 있다는 사실 자체가 그 작업을 하고 싶은 욕구를 불러일으킨다는 것을 처음으로 발견한 심리학자였다.

어떤 일을 해내는 순서가 A→B→C 순이라고 치자. 이때 A나 B를 마치고 바로 쉬기보다는 바로 다음 단계인 B나 C에 조금이라도 발을 담근 상태에서 하루를 마무리한다면, 다음 날 완결되지 않은 B나 C를 이어서 하고 싶다는 욕구가 더 잘 생길 수 있다. 이렇게 되면 다음 날 백지상태에서 완전히 새로운 작업을 시작해야 한다는 부담감도 줄어든다. 한 단계의 작업을 조금이나마 시작한 상태에서 멈추고 휴식기를 가져보자. 휴식기 후에 그 일을 새로 시작하기가 훨씬 수월해질 것이다. 우리가 어떤 일을 가장 많이 미루는 순간은 무엇인가에 아예 착수하지 않았을 때다. 일단 조금이라도 발을 담갔다면 그 작업을 완료하고자 하는 마음이 생길 수밖에 없는 게 자연스럽다. 그 마음을 활용해 보자.

어떤 일이든 시작하기 전에는 모든 것이 눈에 거슬린다. 지저분한 방, 창밖의 소음… 그리고 무엇보다 전혀 상쾌하지 않은 나의 컨디션. 그러나 생각해 보자. 모든 상황과 기분이 완벽하게 갖춰질 수는 없다. 그러니 완벽하지 않은 상황이라도 일단 일을 시작하는 것이 좋다. "영감이 내게 오지 않을 때는 내가 영감을 찾아 절반을 나아가면 된다"라는 말이 있듯이 모든 상황이 나를 위해 갖춰지기를 기다리지 않고 내가 일단 그쪽으로 출발해 보는 것이다. '완벽한 미완성'보다 '불완전한 완성'이 더 의미 있다.

아, 물론 휴가를 앞두고 있다면 그 전에 가능하면 모든 일을 다 끝내고 떠나는 것이 정신건강에 더 좋겠다. 그러지 않으면 마찬가지로 완결되지 않은 일들이 오브 시안키나 효과로 휴가 기간 내내 당신 머릿속을 떠다닐 것이기 때문이다.

언제나 최선의 선택을 하고 싶다면

—————————————————— ✳ **결정의 심리학**

◖◗

다음 중 학창시절 당신만의 찍기 방법이 있다면?

① 연필을 선택지 위에 세우고 손을 놓아 연필이 가 장 가까이 떨어진 선택지를 고른다.

② '어느 것을 고를까요' 노래를 부른다.

③ 오늘은 '3번'이다! 하나의 번호에 올인한다.

◖◗

"골라주세요! 오늘 점심 메뉴 짬뽕 대 설렁탕!"

"이직을 앞두고 고민입니다. A 회사 대 B 회사! 선배님들 결정을 도와주세요!"

선택은 언제나 어렵다. 그래서 선택을 쉽게 못 하고 우유부단한 모습을 보이는 사람을 이르는 다양한 말들도 생겨나는 것이겠다. 이번 장에서는 당신이 지금 중요한 결정을 앞두고 있다면 활용할 만한 몇 가지 심리학을 소개해 보려 한다.

맑은 정신에 바른 선택이 깃든다

첫 번째는 뭐니 뭐니 해도 좋은 컨디션이다. 이스라엘 교도소의 가석방 절차에 관해 진행되었던 연구를 살펴보면 수감자들의 가석방 여부는 판사의 컨디션에 큰 영향을 받고 있었다. 연구에서 1년 가까운 기간 동안 수집된 1100여 개의 사법 판결을 분석한 결과, 하루의 시작 또는 판사의 식사시간과 휴식 직후에 이루어진 심리일수록 수감자에게 관대한 판결이 나올 가능성이 컸다. 반면, 식사시간 직전의 판결에서는 수감자 대다수의 가석방이 허용되지 않았다. 이렇듯 우리는 매 순간 스스로가 합리적인 판단을 내린다고 믿지만 사실은 배고픔이나 피곤함, 체력에 너무나도 쉽게 영향을 받는 존재라는 사실을 기억해야 한다.

결정하는 행위는 그 자체만으로 우리를 지치게 하며 이를 '결정 피로(decision fatigue)'라고 부른다. 심리학자 캐슬린 보스(Kathleen Vohs)와 연구진은 결정을 내려야 하는 상황이 반복될 때 우리의 자제력이 얼마나 약해질 수 있는지에 대한 흥미로운 실험을 진행했다.

연구진은 '선택 조건'에 놓인 참여자에게는 백화점에서 판매되는 티셔츠, 향초, 샴푸, 사탕, 양말 등 여러 가지 종류의 물건을 늘어놓고 어떤 브랜드의 제품을 선호하는지에 대해 연속적으로 선택하도록 했다. 그들은 그렇게 앉은 자리에서 무려 300여 개의 선택을 해야 했다. 그리고 '비선택 조건'에 놓인 참여자들은 백화점에서 판매되는 물건을 보되 선택을 하지는 않고, 지난 1년간 그

제품을 얼마나 사용했는지에 대한 설문을 작성했다. 질문에 답하는 과정에서 두 집단 참여자들이 들인 노력의 강도는 비슷한 수준인 셈이었다.

그러나 두 집단의 참여자들이 이후에 보인 자기통제력에는 상당한 차이가 있었다. 심리 실험에서는 보통 얼음물에 손을 담그게 한 뒤 얼마나 오랫동안 버티는지를 측정하는 방식으로 자제력을 평가하는데, 이 연구 참여자 중 선택 조건에 놓였던 사람들은 비선택 조건에 놓였던 사람들보다 훨씬 빨리 얼음물에서 손을 뺐다. 연속된 선택으로 지친 나머지 자제력이 떨어진 것이다.

그 밖에도 충분하고 적절한 수면을 취했을 때 의사결정 능력이 향상된다는 연구를 비롯해 컨디션이 판단력에 지대한 영향을 미친다는 연구 결과는 많다. 이처럼 무언가를 결정하는 일에는 생각 이상으로 큰 에너지가 들어간다. 그러니 중요한 결정을 앞두고 있을 때는 충분히 자고, 충분히 먹고, 충분히 쉬면서 좋은 컨디션을 유지하자. 몸의 컨디션이 뇌의 컨디션을 결정한다.

때로는 선택할 일 자체를 아예 줄이는 것도 방법이다. 이렇게만 들으면 다소 극단적으로 느껴질 수도 있겠다. 그러나 미국의 전 대통령인 버락 오바마(Barack Obama)도 한 인터뷰에서 "저는 결정해야 할 다른 일이 너무 많기 때문에 매일 아침 무엇을 입을지까지 결정하고 싶지 않아요. 그래서 회색이나 파란색 정장만 입죠"라고 말한 적이 있다.

이 이야기를 들으며 자연스럽게 떠오르는 사람이 또 한 명 있을 것이다. 바로 스티브 잡스(Steve Jobs)다. 그를 상징하는 검은 터틀넥 셔츠와 청바지 또한 선택을 줄이기 위한 비책이었다는 것을 우린 잘 알고 있다. 앞서 말했듯 결정은 우리를 피로하게 만든다. 그러니 중요한 결정을 잘하기 위해서는 다른 불필요한 결정 자체를 줄이는 것이 좋다.

이때 무엇이 필요한 결정이고 무엇이 불필요한 결정인지를 나누는 기준은 당신에게 달렸다. 커피를 마실 때 어떤 원두를 고를지, 오늘은 어떤 액세서리를 착용할지 등이 삶의 기쁨이라면 그것은 소중한 일이므로 꼭 남겨두었으면 한다. 누군가에게는 어떤 옷을 입을지가 중요하지만 다른 누군가에게는 아닐 수 있고, 누군가에게는 어떤 샴푸를 쓸지가 전혀 중요하지 않지만 또 다른 누군가에게는 매우 중요할 수 있다. 따라서 자신의 삶을 구성하는 다양한 선택지 중 스스로 의미 있는 선택지는 남겨두되, 그 외에 자신을 오로지 피곤하게만 하는 선택지에 대해서는 아예 한 가지를 정해놓는 방식으로 에너지를 절약하기를 권한다.

내 인생을 박살 내는 선택이란 없다

이쯤에서 우리가 왜 선택하기를 어려워하는지도 생각해 보자. 대개는 그 선택의 결과를 오롯이 내가 책임져야 한다는 데서 오는 부담감 때문이다. 그래서 우리는 아이러니하게도 선택지가 없는 상황을 은연중에 반기기도 한다. '어쩔 수 없는' 상황은 무력감과 좌절감을 주기도 하지만 스스로를 자책하지 않아도 되게끔 만들어 준다.

그러나 마음껏 선택할 수 있는 자유를 책임감의 무게 때문에 포기하기에는 어딘가 아쉽다.

이럴 때는 미래의 내가 "그때 왜 그런 선택을 했지?"라고 질문했을 때 나름의 대답을 할 수만 있다면 자책감을 느낄 가능성이 줄어든다. 그 선택이 결론적으로 좋은 선택이었든 나쁜 선택이었든 당시에 왜 내가 그 선택을 했는지에 대해 스스로에게 설명할 수 있는 근거를 마련해 두라는 뜻이다. "두 회사 중 이 회사로 이직하겠다고 결정한 이유는 연봉은 낮지만 내가 원하는 경력을 더 쌓을 수 있었기 때문이야!" 같은 식이면 좋다. "그냥 더 생각하기 싫어서 골라버렸어!"보다는 이 대답이 낫지 않을까? 미래의 나에게 조금 더 나은 해명을 하겠다는 생각으로 결정을 내려 보자.

선택의 순간으로부터 거리를 두는 것도 방법이다. 우리는 선택의 순간에 쉽게 압도되거나 순간에 주어지는 수많은 정보 때문에 오히려 오류를 범하기도 한다. 이럴 때 선택해야 하는 상황으로부터 '심리적인 거리

(psychological distance)'를 두면 더 나은 의사결정을 할 수 있다. 예를 들어 결정을 내려야 할 때 이런 식으로 생각해 보는 것이다. '미래의 내가 결정한다면', '다른 사람이 결정한다면', '아주 먼 곳에서 결정한다면'… 여러 가지 면에서 선택으로부터 한 걸음 멀어져 보는 것이다.

심리적 거리 두기와 관련된 연구도 있다. 이 연구에서 한 집단은 당장 내일 자동차를 산다는 가정하에 글을 쓰도록 요청받았고, 다른 집단은 1년 뒤에 자동차를 산다는 가정하에 글을 쓰도록 요청받았다. 그런 다음 연구진은 그들에게 서로 다른 자동차 네 종에 관한 열두 가지 정보를 제시한 뒤, 어떤 자동차가 가장 좋다고 생각하는지 선택하게 했다. 이때 먼 미래인 1년 뒤에 자동차를 사는 것에 대해 생각해 보았던 사람들은 당장 내일 자동차를 사는 것에 대해 생각해 보았던 집단에 비해 객관적으로 더 나은 조건의 자동차를 선택하는 경향을 보였다.

그러니 중요한 선택을 앞두고 있다면 지금 이 순간의 나로부터 잠시 거리를 둬보자. 눈앞의 정보에만 지나치게 매몰되지 않으면서도 합리적인 선택을 할 수 있을 것이다.

지나친 불안은 전두엽의 기능을 떨어뜨려 합리적인 선택을 방해한다. '한순간 잘못된 선택으로 나는 언제든 끝장날 수도 있어!'라는 마음은 안타깝게도 우리를 오히려 잘못된 선택으로 유도한다. 그러니 스스로에게 말해주자.

'어떤 선택이든 괜찮아. 이건 삶의 수많은 순간 중 하나일 뿐이고 그 어떤 선택도 나를 영원히 구속할 수는 없어. 만약에 아쉬운 선택을 했다고 하더라도 그 선택에 맞춰서 또 해결하려 노력하면 되니까 너무 걱정하지 마.'

당신을 위로하려 하는 말이 아니다. 정말 단 한 순간의 결정으로 우리 삶이 통째로 산산조각나는 선택이란 존재할 수 없다. 때로는 아쉽고 후회되더라도 삶은 계속된다. 그 후에 수습할 것이 있다면 또 수습해 나가면 된다. 당신이 어떤 선택의 문 앞에 서 있든 이런 마음가짐으로 새로운 문을 열어나가길 바란다.

당신의 출근길을 응원하며

심리학에 관한 33편의 글을 읽었다고 해서 일터에 서의 모든 고민이 한 방에 해결되는 일은 없겠지만 일과 삶에 적용해 볼 만한 무기를 단 하나라도 얻었다면 축하와 감사의 말을 함께 건네고 싶다. 눈치 빠른 독자라면 이 책의 많은 부분에서 결국 비슷한 조언이 반복되고 있다는 사실을 알아차렸을 것이다. 지금 당신의 눈앞에서 무슨 일이 벌어지고 있는지, 그리고 무엇보다 당신의 마음속에서 어떤 감정이 일렁이고 있는지를 외면하지 말고 받아들이라는 것이다. 직면하라는 것이다.

두려운 마음에 내 안의 감정을 외면하는 것은 오히려 그 감정이 나를 잡아먹게 두는 것과 같다. 내 마음을 제대로 알아차리기만 한다면 이미 게임의 절반은 공략한 셈이다. 무너져 내리려는 내 마음을 알아보고 마주할 수만 있다면 우리는 제대로 맞설 수 있고, 잘 견뎌낼 수 있고, 힘든 마음을 달래며 함께 걸어갈 수 있다. 지금 이 순간에도 저마다의 자리에서 고군분투하고 있을 당신에게 나지막한 응원의 말을 건네고 싶다.

벌써 세 번째 책이자 다산북스에서의 두 번째 책이다. 꾸준히 신뢰하고 배려해 주시는 백지윤 편집자님과 임소연 팀장님께 감사드린다. 눈을 감고 뒤로 누워도 나를 든든히 받아줄 거라는 믿음을 주는 사랑하는 가족, 시시껄렁하고 가벼운 농담과 진지하고 무거운 이야기를 아무렇지 않게 넘나들 수 있는 친구들에게도 고마움을 전한다.

반유화 드림

Part 1 나는 왜 불안하고, 어떨 때 슬퍼질까?

■■■■■ 내가 어떤 상태인지부터 파악한다

1 남들보다 뒤처졌다는 생각에 일이 손에 안 잡힐 때(열등감)

Akdoğan, R., 'A model proposal on the relationships between loneliness, insecure attachment, and inferiority feelings', <*Personality and Individual Differences*>, 2017, 19~24.

Ansbacher, H. L. & Ansbacher, R. R., 《*The Individual Psychology of Alfred Adler*》, New York: Harper & Row, 1964.

Lamberson, K. A., & Wester, K. L., 'Feelings of inferiority: A first attempt to define the construct empirically', <*The Journal of Individual Psychology*>, 2018, 172~187.

2 일터의 스트레스를 확실히 풀어버리는 단 한 가지 방법(회복탄력성)

Seligman, M. E., 《Learned optimism: How to change your mind and life. Avenue of the Americas》, NY: Pocket Books, 1990.

Werner, E. E., 'High-risk children in young adulthood: A longitudinal study from birth to 32 years', <American journal of Orthopsychiatry>, 1989, 72~81.

3 매일 보는 사람이 매일 밉다면(혐오)

Reicher, S. D., Templeton, A., Neville, F., Ferrari, L., & Drury, J., 'Core disgust is attenuated by ingroup relations', <Proceedings of the National Academy of Sciences>, 2016, 2631~2635.

Rozin, P., Millman, L., & Nemeroff, C., 'Operation of the laws of sympathetic magic in disgust and other domains', <Journal of Personality and Social Psychology>, 1986, 703~712.

Rozin, P., & Fallon, A. E., 'A perspective on disgust', <Psychological Review>, 1987, 23~41.

Schnall, S., Haidt, J., Clore, G. L., & Jordan, A. H., 'Disgust as embodied moral judgment', <Personality and Social Psychology Bulletin>, 2008, 1096~1109.

4 반복되는 월요일이 여전히 두렵다면(불안)

Freud, S., 'Inhibition, symptoms, and anxiety', <The Standard Edition of the Complete Psychological Works of Sigmund Freud>, 1961, 77~175.

Hartley, C. A., & Phelps, E. A., 'Anxiety and decision-making', <Biological psychiatry>, 2012, 113~118.

5 우리에게 회사는 정말 끔찍하기만 할까?(욕구)

Hiroto, D. S., 'Locus of control and learned helplessness', <Journal of Experimental Psychology>, 1974, 187.

Maslow, A. H., 'A theory of human motivation', <*Psychological Review*>, 1943, 370~396.

Maslow, A. H.,《*Motivation and Personality*》, Harper & Row, 1970.

Tay, L., & Diener, E., 'Needs and subjective well-being around the world', <*Journal of Personality and Social Psychology*>, 2011, 354.

Wrzesniewski, A., & Dutton, J. E., 'Crafting a job: Revisioning employees as active crafters of their work' <*Academy of Management Review*>, 2001, *179~201*.

6 성과 뒤에 찾아오는 허탈함을 어떻게 할 것인가(허무)

Ben-Shahar, T.,《*Happier: Can You Learn to be Happy?*》, McGraw-Hill, 2008.

Colarusso, C. A., 'Separation-individuation phenomena in adulthood: General concepts and the fifth individuation', <*Journal of the American Psychoanalytic Association*>, 2000, 1467~1489.

Gilbert, D. T., Pinel, E. C., Wilson, T. D., Blumberg, S. J., & Wheatley, T. P., 'Immune neglect: a source of durability bias in affective forecasting', <*Journal of Personality and Social Psychology*>, 1998, 617~638.

Wilson, T. D., & Gilbert, D. T., 'The impact bias is alive and well', <*Journal of Personality and Social Psychology*>, 2013, 740~748.

7 사소한 일에도 터져버리는 시한폭탄(분노)

Manfredi, P., & Taglietti, C., 'A psychodynamic contribution to the understanding of anger-The importance of diagnosis before treatment', <*Research in Psychotherapy: Psychopathology, Process and Outcome*>, 2022, 189~202.

Williams, R., 'Anger as a basic emotion and its role in personality building and pathological growth: The neuroscientific, developmental and clinical perspectives', <*Frontiers in Psychology*>, 2017, 1950.

정진용, "아니 근데, 진짜를 진짜 많이 써?"", 〈쿠키뉴스〉, 2020.7.9., https://www.kukinews.com/newsView/kuk202007080370

8   나는 그저 하나의 톱니바퀴일 뿐인가요?(번아웃)

신강현, '일반직 종사자를 위한 직무 소진 척도 (MBI-GS) 에 대한 타당화 연구', 〈한국심리학회지: 산업 및 조직〉, 2003, 1~17.

Bakker, A. B., Westman, M., & Schaufeli, W. B., 'Crossover of burnout: An experimental design', <*European Journal of Work and Organizational Psychology*>, 2007, 220~239.

Freudenberger, H. J., 'The staff burn-out syndrome in alternative institutions', <*Psychotherapy: Theory, Research & Practice*>, 1975, 73.

Golkar, A., Johansson, E., Kasahara, M., Osika, W., Perski, A., & Savic, I., 'The influence of work-related chronic stress on the regulation of emotion and on functional connectivity in the brain', <*PloS one*>, 2014, e104550.

Gunderman, R. (2014, February 22). For the young doctor about to burn out. The Atlantic., https://www.theatlantic.com/health/archive/2014/02/for-the-young-doctor-about-to-burn-out/284005/

Leiter, M. P., & Maslach, C., 'Six areas of worklife: a model of the organizational context of burnout', <*Journal of Health and Human Services Administration*>, 1999, 472~489.

Liston, C., McEwen, B. S., & Casey, B. J., 'Psychosocial stress reversibly disrupts prefrontal processing and attentional control', <*Proceedings of the National Academy of Sciences*>, 2009, 912~917.

9 회사에서 쓰고 있는 가면이 너무 갑갑할 때(거짓자기)

Jung, C. G., Read, H., Fordham, M., Adler, G., & McGuire, W., 《The Collected Works of CG Jung: Two Essays on Analytical Psychology.-1953》, Routledge & Kegan Paul, 1953.

Turkle, S., 《Life on the Screen: Identity in the Age of the Internet》, New York, NY: Simon and Schuster, 1995.

Winnicott, D. W., On transference, 《The International journal of Psychoanalysis》, 1956, 386.

10 내가 형편없다는 사실이 들통날까 겁나는 사람들에게(임포스터 현상)

Blind Staff Writer (2020, July 22). Mental Health Awareness: Imposter Syndrome. Blind Blog-Workplace Insights, https://www.teamblind.com/blog/index.php/2020/07/22/impostor-syndrome-tech-and-finance-professionals-are-not-immuned/

Clance, P. R., & Imes, S. A., 'The imposter phenomenon in high achieving women: Dynamics and therapeutic intervention', <Psychotherapy: Theory, research & practice>, 1978, 241.

Clance, P. R., 'Clance impostor phenomenon scale', <Personality and Individual Differences>, 1985.

Sakulku, J., 'The impostor phenomenon', <The Journal of Behavioral Science>, 2011, 75~97.

Tewfik, B. A., 'The impostor phenomenon revisited: Examining the relationship between workplace impostor thoughts and interpersonal effectiveness at work', <Academy of Management Journal>, 2022, 988~1018.

11 선택의 순간, 기억해야 하는 한 가지(인지부조화)

Festinger, L., Riecken, H. W., & Schachter, S., 《When Prophecy Fails》, University of Minnesota Press, 1956.

Festinger, L., 《*A Theory of Cognitive Dissonance*》, Stanford University Press, 1957.

Hasan, U., & Nasreen, R., 'Cognitive dissonance and its impact on consumer buying behaviour', <*Journal of Business and Management*>, 2012, 7~12.

12 승진, 그냥 없던 일로 하면 안 될까요?(역할갈등)

Awan, F. H., Dunnan, L., Jamil, K., Gul, R. F., Anwar, A., Idrees, M., & Guangyu, Q., 'Impact of Role Conflict on Intention to leave Job with the moderating role of Job Embeddedness in Banking sector employees', <*Frontiers in Psychology*>, 12, 719449.

Gjerde, S., & Alvesson, M., 'Sandwiched: Exploring role and identity of middle managers in the genuine middle', <*Human Relations*>, 2020, 124~151.

Prins, S. J., Bates, L. M., Keyes, K. M., & Muntaner, C., 'Anxious? Depressed? You might be suffering from capitalism: contradictory class locations and the prevalence of depression and anxiety in the USA', <*Sociology of Health & Illness*>, 2015, 1352~1372.

Part 2 나는 누가 싫고, 어떤 말에 상처받을까?
■■■■ 사람들과 함께 일하는 법을 터득한다

13 동료와 친해지면 아마추어 같은 걸까?(친밀함)

Durrah, O., 'Do we need friendship in the workplace? The effect on innovative behavior and mediating role of psychological safety', <*Current Psychology*>, 2022, 1~14.

Methot, J. R., Lepine, J. A., Podsakoff, N. P., & Christian, J. S., 'Are workplace friendships a mixed blessing? Exploring tradeoffs of multiplex relationships and their associations with job performance', <*Personnel Psychology*>, 2016, 311~355.

Wagner, R. & Harter, J. (2008, Feb 14). The Tenth Element of Great Managing. Gallup, https://news.gallup.com/businessjournal/104197/Tenth-Element-Great-Managing.aspx

14   내 동기만 예뻐하는 팀장님에게(불공정)

Barclay, L. J., & Skarlicki, D. P., 'Healing the wounds of organizational injustice: examining the benefits of expressive writing', <*Journal of Applied Psychology*>, 2009, 511.

Pennebaker, J. W., 'Writing about emotional experiences as a therapeutic process', <*Psychological Science*>, 1997, 162~166.

Robbins, J. M., Ford, M. T., & Tetrick, L. E., 'Perceived unfairness and employee health: a meta-analytic integration', <*Journal of Applied Psychology*>, 2012, 235.

Shaw, A., & Olson, K. R., 'Children discard a resource to avoid inequity', <*Journal of Experimental Psychology: General*>, 2012, 382.

Tsoi, L., & McAuliffe, K., 'Individual differences in theory of mind predict inequity aversion in children', <*Personality and Social Psychology Bulletin*>, 2020, 559~571.

15   상사가 꼰대일 때, 꼰대가 상사일 때(권위)

이현진, & 김명찬, '권위자와의 관계 경험에 대한 정서기반 자문화기술지', 〈교육인류학연구〉, 2017, 41~66.

Dai, Y., Li, H., Xie, W., & Deng, T., 'Power Distance Belief and Workplace Communication: The Mediating Role of Fear of Authority', <*International Journal of Environmental Research and Public Health*>, 2022, 2932.

Diamond, M., & Allcorn, S., 'The cornerstone of psychoanalytic organizational analysis: Psychological reality, transference and counter-transference in the workplace', <*Human Relations*>, 2003, 491~514.

Du, J., Li, N. N., & Luo, Y. J., 'Authoritarian leadership in organizational change and employees' active reactions: Have-to and willing-to perspectives', <*Frontiers in Psychology*>, 2020, 3076.

Guo, L., Decoster, S., Babalola, M. T., De Schutter, L., Garba, O. A., & Riisla, K., 'Authoritarian leadership and employee creativity: The moderating role of psychological capital and the mediating role of fear and defensive silence', <*Journal of Business Research*>, 2018, 219~230.

16 이랬다저랬다 하는 상사 사용법(이중구속)

Bateson, G., Jackson, D. D., Haley, J., & Weakland, J., 'Toward a theory of schizophrenia', <*Behavioral Science*>, 1956, 251~264.

Kutz, A., 'How to avoid destroying your employees and organisations due to burnouts, braindrain and fading performance? Stop double bind-communication in your organisation!', <*Journal of Organization Design*>, 2017, 1~12.

Watzlawick P, Bavelas JB, Jackson DD, 《*Pragmatics of Human Communication: A Study of Interactional Patterns, Pathologies and Paradoxes*》, Norton, New York, 1967.

17 거절 잘하는 사람이 되려면 무엇이 필요할까?(자아경계)

Ayduk, Ö., & Gyurak, A., 'Applying the cognitive–affective processing systems approach to conceptualizing rejection sensitivity', <*Social and Personality Psychology Compass*>, 2008, 2016~2033.

Buckley, K. E., Winkel, R. E., & Leary, M. R., 'Reactions to acceptance

and rejection: Effects of level and sequence of relational evaluation',
<*Journal of Experimental Social Psychology*>, 2004, 14~28.

Leary, M. R., Twenge, J. M., & Quinlivan, E., 'Interpersonal rejection
as a determinant of anger and aggression', <*Personality and Social
Psychology Review*>, 2006, 111~132.

18 "제가 바로 팀원 눈치 보는 상사입니다"(침묵 효과)

O'Neal, E., Levine, D., & Frank, J., 'Reluctance to transmit bad
news when the recipient is unknown: Experiments in five
nations', <*Social Behavior and Personality: an International Journal*>,
1979, 39~47.

Rosen, S., & Tesser, A., 'On reluctance to communicate
undesirable information: The MUM effect', <*Sociometry*>,
1970, 253~263.

Simon, L. S., Rosen, C. C., Gajendran, R. S., Ozgen, S., & Corwin, E. S.,
'Pain or gain? Understanding how trait empathy impacts leader
effectiveness following the provision of negative feedback', <*Journal
of Applied Psychology*>, 2022, 279.

19 이유 없이 그 사람이 싫은 이유(수동공격)

DeMarco, R. F., Fawcett, J., & Mazzawi, J., 'Covert incivility: Challenges
as a challenge in the nursing academic workplace', <*Journal of
Professional Nursing*>, 2018, 253~258.

Lim, Y. O., & Suh, K. H., 'Development and validation of a measure
of passive aggression traits: the Passive Aggression Scale
(PAS)', 〈*Behavioral Science*>, 2022, 273.

McKee, D. L. N., 'Antecedents of Passive-Aggressive Behavior as
Employee Deviance', <*Journal of Organizational Psychology*>, 2019.

20 뒷담화의 진짜 역할(무례함)

Adiyaman, D., & Meier, L. L., 'Short-term effects of experienced and observed incivility on mood and self-esteem', <*Work & Stress*>, 2022, 133~146.

Andersson, L. M., & Pearson, C. M., 'Tit for tat? The spiraling effect of incivility in the workplace', <*Academy of Management Review*>, 1999, 452~471.

Foulk, T., Woolum, A., & Erez, A., 'Catching rudeness is like catching a cold: The contagion effects of low-intensity negative behaviors', <*Journal of Applied Psychology*>, 2016, 50.

Liu, C. E., Yu, S., Chen, Y., & He, W., 'Supervision incivility and employee psychological safety in the workplace', <*International Journal of Environmental Research and Public Health*>, 2020, 840.

Reich, T. C., & Hershcovis, M. S., 'Observing workplace incivility', <*Journal of Applied Psychology*>, 2015, 203.

21 좋은 팀이라는 건 대체 뭘까?(갈등)

Chen, H. X., Xu, X., & Phillips, P., 'Emotional intelligence and conflict management styles', <*International Journal of Organizational Analysis*>, 2019, 458~470.

Rahim, M. A., 'A measure of styles of handling interpersonal conflict', <*Academy of Management Journal*>, 1983, 368~376.

22 연기만 늘어가는 당신을 위해(감정노동)

Brotheridge, C. M., & Grandey, A. A., 'Emotional labor and burnout: Comparing two perspectives of "people work"', <*Journal of Vocational Behavior*>, 2002, 17~39.

Morris, J. A., & Feldman, D. C., 'The dimensions, antecedents, and consequences of emotional labor', <*Academy of Management Review*>,

1996, 986~1010.

Thimm, J. C., 'Early maladaptive schemas and interpersonal problems: A circumplex analysis of the YSQ-SF', <*International Journal of Psychology and Psychological Therapy*>, 2013, 113~124.

알리 러셀 혹실드, 《감정노동: 노동은 우리의 감정을 어떻게 상품으로 만드는가》, 이가람 옮김, 이매진, 2011.

박상언, 신다혜, '감정노동과 직장-가정 갈등: 직무소진의 두 영향요인에 대한 실증 연구', <인사조직연구>, 2011, 227~266.

Part 3   일을 잘하려면 어떤 마음이어야 할까?
■■■■■ 결국 우리는 성과를 내야 한다

23   설득이 성과를 좌우한다(설득의 심리학)

Blankenship, K. L., & Holtgraves, T., 'The role of different markers of linguistic powerlessness in persuasion', <*Journal of Language and Social Psychology*>, 2005, 3~24.

Derricks, V., & Earl, A., 'Information targeting increases the weight of stigma: Leveraging relevance backfires when people feel judged', <*Journal of Experimental Social Psychology*>, 2019, 277~293.

Klucharev, V., Smidts, A., & Fernández, G., 'Brain mechanisms of persuasion: how 'expert power'modulates memory and attitudes', <*Social Cognitive and Affective Neuroscience*>, 2008, 353~366.

24   중요한 발표에서 써먹는 마음의 법칙(발표의 심리학)

Brooks, A. W., 'Get excited: reappraising pre-performance anxiety as excitement', <*Journal of Experimental Psychology: General*>, 2014,

1144.

Brooks, A. W., Schroeder, J., Risen, J. L., Gino, F., Galinsky, A. D., Norton, M. I., & Schweitzer, M. E., 'Don't stop believing: Rituals improve performance by decreasing anxiety', <*Organizational Behavior and Human Decision Processes*>, 2016, 71~85.

Clark, D. M., & Wells, A., 'A cognitive model of social phobia' In R. G. Heimberg, M. R. Liebowitz, D. A. Hope, & F. R. Schneier (Eds.), 《*Social Phobia: Diagnosis, Assessment, and Treatment*》, The Guilford Press, 1995, 69~93.

Savitsky, K., & Gilovich, T., 'The illusion of transparency and the alleviation of speech anxiety', <*Journal of Experimental Social Psychology*>, 2003, 618~625.

25 연봉을 통보받지 않고 협상하는 사람들(협상의 심리학)

Maaravi, Y., & Segal, S., 'Reconsider what your MBA negotiation course taught you: The possible adverse effects of high salary requests', <*Journal of Vocational Behavior*>, 2022, 103803.

Marks, M., & Harold, C., 'Who asks and who receives in salary negotiation', <*Journal of Organizational Behavior*>, 2011, 371~394.

Mason, M. F., Lee, A. J., Wiley, E. A., & Ames, D. R., 'Precise offers are potent anchors: Conciliatory counteroffers and attributions of knowledge in negotiations', <*Journal of Experimental Social Psychology*>, 2013, 759~763.

Tversky A., Kahneman D., 'Judgment under uncertainty: Heuristics and biases', <*Science*>, 1974, 1124~1130.

26 동료들의 무한신뢰를 받는 입사 동기의 비밀(신뢰의 심리학)

Levine, E. E., Bitterly, T. B., Cohen, T. R., & Schweitzer, M. E., 'Who is trustworthy? Predicting trustworthy intentions and behavior', *<Journal of Personality and Social Psychology>*, 2018, 46.

Zajonc, R. B., 'Attitudinal effects of mere exposure', *<Journal of Personality and Social Psychology>*, 1968, 1~27.

27 창의적인 인재가 되려면 이것에 주목하라(창의성의 심리학)

Irving, Z. C., McGrath, C., Flynn, L., Glasser, A., & Mills, C., 'The shower effect: Mind wandering facilitates creative incubation during moderately engaging activities', *<Psychology of Aesthetics, Creativity, and the Arts>*, 2022.

Mueller, J. S., Melwani, S., & Goncalo, J. A., 'The bias against creativity: Why people desire but reject creative ideas', *<Psychological Science>*, 2012, 13~17.

Oppezzo, M., & Schwartz, D. L., 'Give your ideas some legs: the positive effect of walking on creative thinking', *<Journal of Experimental Psychology: Learning, Memory, and Cognition>*, 2014, 1142.

Xu, L., Mehta, R., & Hoegg, J., 'Sweet ideas: How the sensory experience of sweetness impacts creativity', *<Organizational Behavior and Human Decision Processes>*, 2022, 104169.

28 야근 안 해도 일 잘하는 김 대리(효율의 심리학)

Barker, H., Munro, J., Orlov, N., Morgenroth, E., Moser, J., Eysenck, M. W., & Allen, P., 'Worry is associated with inefficient functional activity and connectivity in prefrontal and cingulate cortices during emotional interference', *<Brain and Behavior>*, 2018, e01137.

Blasche, G., Szabo, B., Wagner-Menghin, M., Ekmekcioglu, C., & Gollner, E., 'Comparison of rest-break interventions during a mentally demanding task', *<Stress and Health>*, 2018, 629~638.

Csikszentmihalyi, M., 《*Flow: The Psychology of Optimal Experience*》, Cambridge University Press: Cambridge, UK, 1990.

Loh, K. K., & Kanai, R., 'Higher media multi-tasking activity is associated with smaller gray-matter density in the anterior cingulate cortex', 〈*Plos one*〉, 2014, e106698.

29 프로젝트가 실패해도 오뚝이처럼 살아나는 팀(칭찬의 심리학)

Boothby, E. J., & Bohns, V. K., 'Why a simple act of kindness is not as simple as it seems: Underestimating the positive impact of our compliments on others', <*Personality and Social Psychology Bulletin*>, 2021, 826~840.

Pacilli, M. G., Spaccatini, F., & Roccato, M., '"You Look So Beautiful… But Why Are You So Distressed?": The Negative Effects of Appearance Compliments on the Psychological Well-being of Individuals in the Workplace', <*Sexuality & Culture*>, 2023, 659~673.

Zhao, X., & Epley, N., 'Insufficiently complimentary?: Underestimating the positive impact of compliments creates a barrier to expressing them', <*Journal of Personality and Social Psychology*>, 2021, 239.

30 잘 들인 습관 하나 열 능력치 안 부럽다(습관의 심리학)

Gardner, B., Lally, P., & Wardle, J., 'Making health habitual: the psychology of 'habit-formation'and general practice', <*British Journal of General Practice*>, 2012, 664~666.

Judah, G., Gardner, B., & Aunger, R., 'Forming a flossing habit: An exploratory study of the psychological determinants of habit formation', <*British Journal of Health Psychology*>, 2013, 338~353.

Lally, P., Van Jaarsveld, C. H., Potts, H. W., & Wardle, J., 'How are habits formed: Modelling habit formation in the real world', <*European Journal of Social Psychology*>, 2010, 998~1009.

Wood, W., Quinn, J. M., & Kashy, D. A., 'Habits in everyday life:

thought, emotion, and action', <*Journal of Personality and Social Psychology*>, 2002, 1281.

31 실수했을 때 가장 먼저 해야 하는 일(사과의 심리학)

Brooks, A. W., Dai, H., & Schweitzer, M. E., 'I'm sorry about the rain! Superfluous apologies demonstrate empathic concern and increase trust', <*Social Psychological and Personality Science*>, 2014, 467~474.

DiFonzo, N., Alongi, A., & Wiele, P., 'Apology, restitution, and forgiveness after psychological contract breach', <*Journal of Business Ethics*>, 2020, 53~69.

Lewicki, R. J., Polin, B., & Lount Jr, R. B., 'An exploration of the structure of effective apologies', <*Negotiation and Conflict Management Research*>,2016, 177~196.

32 일도 사랑만큼 타이밍이 중요하다(미루기의 심리학)

Ferrari, J. R., & Tice, D. M., 'Procrastination as a self-handicap for men and women: A task-avoidance strategy in a laboratory setting', <*Journal of Research in Personality*>, 2000, 73~83.

Feyzi Behnagh, R., & Ferrari, J. R., 'Exploring 40 years on affective correlates to procrastination: a literature review of situational and dispositional types', <*Current Psychology*>, 2022, 1~15.

Wohl, M. J., Pychyl, T. A., & Bennett, S. H., 'I forgive myself, now I can study: How self-forgiveness for procrastinating can reduce future procrastination', <*Personality and Individual Differences*>, 2010, 803~808.

33 언제나 최선의 선택을 하고 싶다면(결정의 심리학)

Danziger, S., Levav, J., & Avnaim-Pesso, L., 'Extraneous factors in judicial decisions', <*Proceedings of the National Academy of Sciences*>,

2011, 6889~6892.

Fukukura, J., Ferguson, M. J., & Fujita, K., 'Psychological distance can improve decision making under information overload via gist memory', <*Journal of Experimental Psychology: General*>, 2013, 658.

Pace-Schott, E. F., Nave, G., Morgan, A., & Spencer, R. M., 'Sleep -dependent modulation of affectively guided decision-making', <*Journal of Sleep Research*>, 2012, 30~39.

Vohs, K. D., Baumeister, R. F., Schmeichel, B. J., Twenge, J. M., Nelson, N. M., & Tice, D. M., 'Making choices impairs subsequent self-control: A limited-resource account of decision making, self-regulation, and active initiative', <*Journal of Personality and Social Psychology*>, 2008, 883~898., https://www.vanityfair.com/news/2012/10/michael-lewis-profile-barack-obama

단단하고 유연한 멘탈을 위한 33가지 마음의 법칙

출근길 심리학

초판 1쇄 인쇄 2024년 1월 24일
초판 1쇄 발행 2024년 1월 31일

지은이 반유화
펴낸이 김선식

부사장 김은영
콘텐츠사업본부장 박현미
책임편집 백지윤 **디자인** 황정민 **책임마케터** 오서영
콘텐츠사업4팀장 임소연 **콘텐츠사업4팀** 황정민, 박윤아, 옥다애, 백지윤
마케팅본부장 권장규 **마케팅1팀** 최혜령, 오서영, 문서희 **채널1팀** 박태준
미디어홍보본부장 정명찬 **브랜드관리팀** 안지혜, 오수미, 김은지, 이소영
뉴미디어팀 김민정, 이지은, 홍수경, 서가을, 문윤정, 이예주
크리에이티브팀 임유나, 박지수, 변승주, 김화정, 장세진, 박장미, 박주현
지식교양팀 이수인, 염아라, 석찬미, 김혜원, 백지은
편집관리팀 조세현, 김호주, 백설희 **저작권팀** 한승빈, 이슬, 윤제희
재무관리팀 하미선, 윤이경, 김재경, 이보람, 임혜정
인사총무팀 강미숙, 지석배, 김혜진, 황종원
제작관리팀 이소현, 김소영, 김진경, 최완규, 이지우, 박예찬
물류관리팀 김형기, 김선민, 주정훈, 김선진, 한유현, 전태연, 양문현, 이민운

펴낸곳 다산북스 **출판등록** 2005년 12월 23일 제313-2005-00277호
주소 경기도 파주시 회동길 490 다산북스 파주사옥 3층
전화 02-702-1724 **팩스** 02-703-2219 **이메일** dasanbooks@dasanbooks.com
홈페이지 www.dasanbooks.com **블로그** blog.naver.com/dasan_books
용지 신승지류 **인쇄** 상지사피앤비 **코팅 및 후가공** 제이오엘엘피 **제본** 상지사피앤비

ISBN 979-11-306-5054-8(03180)